suhrkamp taschenbuch 212

Joseph Goldstein ist Professor an der juristischen Fakultät der Universität Yale. Als Jurist, Politikwissenschaftler und Psychoanalytiker hat er zahlreiche Bücher veröffentlicht: *The Government of a British Trade Union, The Family and the Law* (mit Jay Katz und Alan Dershowitz), *Crime, Law and Society* (mit Abraham S. Goldstein) u. a.

Anna Freud, Leiterin der Hampstead Child Therapy Clinic, ist die Autorin des Buches *The Ego and the Mechanisms of Defense* (dt.: *Das Ich und die Abwehrmechanismen*) und zahlreicher weiterer Bücher über Psychoanalyse und Kindesentwicklung, die sämtlich in *The Writings of Anna Freud* zusammengefaßt sind. Sie ist Mitherausgeberin des Jahrbuchs *The Psychoanalytic Study of the Child.*

Albert J. Solnit ist Professor für Kinderheilkunde und Psychiatrie an der medizinischen Fakultät der Universität Yale und Direktor des Yale University Child Study Center und u. a. Autor von *Problems in Child Behavior and Development* (mit Milton Senn). Er ist Mitherausgeber des Jahrbuchs *The Psychoanalytic Study of the Child.*

Spiros Simitis ist Professor für bürgerliches Recht und Arbeitsrecht am Fachbereich Rechtswissenschaft der Universität Frankfurt. Veröffentlichungen zum Familien-, Delikts- und Arbeitsrecht sowie über die Auswirkungen der elektronischen Datenverarbeitung im juristischen Bereich.

»Kindeswohl« ist ein Vormundschaftsrichtern ebenso wie Sozialarbeitern, Psychologen oder Mitarbeitern von Jugendämtern überaus geläufiger Begriff. Ausgangspunkt für die Verfasser sind Fälle, in denen sich die Interessenkonflikte aufdrängen, von der Adoption über die Zuteilung von Kindern nach der Scheidung bis hin zu allen anderen Situationen, in deren Mittelpunkt die Unterbringung des Kindes steht. Die Arbeitsmaxime: der Versuch, den Konflikt aus der Perspektive des Kindes zu sehen, sein Zeitgefühl in den Vordergrund zu stellen und damit Lösungen zu vermeiden, die abstrakt vielleicht durchaus plausibel erscheinen, konkret aber zu nachhaltigen Schäden für das Kind führen.

Die Verfasser versuchen, die Tragweite ihrer Überlegungen auf zweifache Weise zu verdeutlichen: zum einen, indem sie eine gerichtliche Entscheidung unter Berücksichtigung der eigenen Überlegungen umschreiben, zum anderen, indem sie konkrete Vorschläge an die Adresse des Gesetzgebers formulieren. *Jenseits des Kindeswohls* ist weit mehr als Kritik am bisherigen Umgang mit dieser Formel, es ist auch Programm für ein neues und besseres Verständnis der Kindesinteressen.

Joseph Goldstein
Anna Freud
Albert J. Solnit
Jenseits des Kindeswohls

Mit einem Beitrag von Spiros Simitis

Suhrkamp

Titel der Originalausgabe:
Beyond the Best Interest of the Child
Vorwort und Kapitel I bis III überarbeitet und aus dem Englischen übersetzt von Anna Freud. Kapitel IV bis VIII, Anmerkungen und Register aus dem Englischen von Reinhard Herborth.

suhrkamp taschenbuch 212
Erste Auflage 1974

Satz: Libripresse, Johannes Witt KG, Kriftel/Ts.
Druck: Ebner, Ulm – Printed in Germany
Umschlag nach Entwürfen von Willy Fleckhaus und Rolf Staudt

Inhalt

Vorwort

Es kommt häufig genug vor, daß zwei Autoren gemeinsame Sache machen und eine Veröffentlichung zustandebringen, in der ihre individuellen Beiträge unkennbar miteinander verschmolzen sind. Es ereignet sich weniger oft, daß drei Personen dasselbe unternehmen und daß das Ergebnis ihrer Bemühungen einerseits jedem der Mitarbeiter gerecht wird und anderseits als einheitliches Ganzes wirkt. Ein solches Unterfangen von Anfang bis Ende beobachten zu dürfen, ist ein seltener Vorzug, für den ich dankbar bin.

Die drei Autoren dieses Buches sind, jeder einzelne, Autoritäten in ihrem eigenen Arbeitsfeld und geschult in der Anwendung ihrer Spezialkenntnisse auf benachbarte Gebiete. Sie vertreten drei verschiedene Institutionen: Die Yale Law School in New Haven, Connecticut; die Hampstead Child-Therapy Clinic in London; und das Child Study Center, Yale University, New Haven, Connecticut.

Die Problemstellung des Buches geht offensichtlich auf den Einfluß der juristischen Fakultät zurück; sie beruht auf Kritik der bestehenden Gesetze, die die Unterbringung von Kindern regeln und auf dem Versuch ihrer Neuformulierung. Die Schilderungen der Entwicklungsbedingungen des Kindes und die knappen Definitionen seiner Umweltsbeziehungen entstammen zum Großteil den in der Hampstead Clinic gemachten Beobachtungen. Die Fülle an klinischer Erfahrung mit Ehezwist, Scheidungs- und Vormundschaftsprozessen, heimatlosen Kindern und gerichtlichen Fehlentscheidungen ist vor allem dem Child Study Center zuzuschreiben.

Für mich als Beobachter waren es die fesselndsten Momente, wenn Meinungsverschiedenheiten die Oberhand nahmen, in denen jeder der Beteiligten mit Leidenschaft an seiner eigenen Überzeugung festhielt und sie verteidigte. Streitfragen dieser Art betrafen manchmal bloß die Terminologie, wie etwa den Ausdruck »erwünschtes Kind«, der zu Mißverständnissen führen könnte, oft aber auch zentrale Fragen wie die volle Abschaffung der den biologischen Eltern zustehenden Rechte, wann immer sie mit dem Interesse des Kindes in Widerspruch stehen. Aber so heftig die Unstimmigkeiten auch gelegentlich waren, sie endeten immer wieder mit Einigung, manchmal nach langer hin- und herschwankender Erörterung, andere Male nach einer gut durchschlafenen Nacht. Die Hitze des Wortgefechts war im Grunde nichts anderes als der Maßstab für den Eifer der Beteiligung.

Trotz aller Ernsthaftigkeit des Vorhabens war auch Raum für Humor in der Arbeitsstimmung. Es erregte Heiterkeit, wenn einer der Drei plötzlich zu seiner Überraschung entdeckte, daß sein eigener Beitrag völlig in den Hintergrund gedrängt und vergessen worden war; wenn ein anderer wehmütig ausrief, wie viel leichter es immer gewesen war, ganz allein Bücher zu schreiben; oder wenn jemand in einem seltenen Augenblick vollster Übereinstimmung die Zusammenarbeit mit dem Zusammenspiel eines Symphonieorchesters verglich.

Was schließlich vor meinen Augen erstand, war das Bild eines weisen Richters, der in seiner Gestalt das Wissen und Können der drei Autoren verkörpert, d. h. eine genaue Kenntnis der gesetzlichen Grundlagen verbunden mit gründlicher Kenntnis der psychoanalytischen Kinderpsychologie.

Pläne für das Buch gehen auf das Jahr 1969 zurück, in ihrer ersten Form als eine Serie von individuell gezeichneten Aufsätzen. Im folgenden Jahr, bei einem Zusammentreffen in Yale, trat die Idee einer einheitlichen Veröffentlichung an ihre Stelle, d. h. die vorliegende Darstellung von Definitionen, Richtlinien und ihrer Anwendung. Fortsetzungen folgten in Rathmore bei Baltimore in Irland und schließlich, 1973, in Maresfield Gardens, Hampstead, London. Das im Buch erwähnte, fiktive New Haven-Hampstead Gericht hat Bezug auf zwei dieser Arbeitsstellen, der Name des Richters, Baltimore, hält die Erinnerung an den dritten fest.

Dorothy Burlingham

Danksagungen

Bei der Vorbereitung dieses Buches haben uns mehrere Personen und Institutionen unterstützt und unsere Arbeit erleichtert. Wir möchten ihnen dafür danken.

Für kritische Bemerkungen zu verschiedenen Fassungen des Manuskripts: Laura C. Coddling, Steven Goldberg, Sonja Goldstein, Hillary Rodham.

Für ihre Unterstützung: Alexander M. Bickel, Robert Burt, Marshall Cohen, L. de Jong, John Hart Ely, Max Gitter, John Griffiths, Jay Katz, Seymour L. Lustman, Sally A. Provence, Amos Shapira, Martha Solnit.

Für Ermunterung und friedvolle Arbeitsatmosphäre: Kingman Brewster, Jr., Präsident der University Yale; Abraham S. Goldstein, Dekan der Juristischen Fakultät der University Yale; John Perry Miller, Direktor der Institution for Social and Policy Studies an der Universität Yale.

Für bibliothekarische Hilfe: Robert E. Brooks, Gene Coakley, James M. Golden, Isaiah Shein, Charles S. Smith.

Für die Erlaubnis, Bestimmungen des Uniform Marriage and Divorce Act, des Uniform Child Custody Jurisdiction Act und des Revised Uniform Adoption Act wiederzugeben: der National Conference of Commissioners on Uniform State Laws.

Für finanzielle Unterstützung (Reise- und Aufenthaltskosten, Forschungsstipendien): der Field Foundation, der Ford Foundation, der Foundation for Research in Psychoanalysis, dem Freud Centenary Fund, der Anna Freud Foundation, der Grant Foundation, der Institution for Social and Policy Study, der Andrew Mellon Foundation, dem National Institute for Mental Health und der New-Land Foundation.

Für Sekretariatsarbeit: Yvonne M. Bowkett, Billie Hutching, Geraldine Formica, Gina Lewis, Sophie Powell, Elizabeth H. Sharp, Jean Yurczyk.

Für schöpferische und resolute editorische Arbeit: Lotti M. Newman.

Erster Teil

Problemstellung und Voraussetzungen

I.

Über die Unterbringung von Kindern

Recht und Herkommen geben dem Kind eine besondere Stellung innerhalb der menschlichen Gemeinschaft. Das Recht unterscheidet zwischen Kindern und Erwachsenen in physischer, psychologischer und sozialer Beziehung. Erwachsenen wird die Fähigkeit zugesprochen, für ihr eigenes Schicksal und ihre eigenen Interessen verantwortlich zu sein. Die rechtliche Regelung beschränkt sich darum im großen Ganzen darauf, ihre freie Entscheidung zu garantieren, ohne sich weiter einzumischen. Im Gegensatz dazu werden Kinder als unfertige Wesen angesehen, denen die Fähigkeit zur Selbstbestimmung abzusprechen ist. Sie sind abhängig und brauchen direkte, dauernde Hilfe und Pflege von Erwachsenen, die aus persönlichen Gründen die Verantwortung für sie übernehmen. Es ist Aufgabe des Staates, jedes Kind in einer Familie unterzubringen, in der zumindest ein Erwachsener die Elternrolle übernimmt.

Die Gesetze, die die Unterbringung von Kindern regeln, entsprechen der Reaktion der sozialen Gemeinschaft auf die Fähigkeit oder Unfähigkeit einer Familie, gesunde Entwicklungsbedingungen für ihre Kinder herzustellen. Die Einmischung des Staates in private Eltern/Kind-Beziehungen schwankt zwischen dem Minimum der automatischen Zuweisung des Neugeborenen zu seinen biologischen Eltern und dem Maximum einer gerichtlich angeordneten Entziehung des elterlichen Sorgerechts aufgrund einer Vernachlässigung oder Verwahrlosung des Kindes oder weil sich die Eltern aus anderen Gründen als unfähig erwiesen haben, ihre Aufgabe wahrzunehmen. Das traditionell vorgeschriebene Ziel für eine solche Einmischung ist das Wohl des Kindes. Die für eine Entscheidung verantwortlichen Instanzen anerkennen seit jeher die Notwendigkeit, sein körperliches Wohlergehen zu sichern, sind aber noch nicht so weit, ihre Forderungen auch auf sein psychisches Wohl auszudehnen. Kinder, die physisch gefährdet sind, haben alle Aussicht, ihre Bedürfnisse anerkannt zu finden, während ihr psychologisches Wohlergehen nur zu oft anderen Ansprüchen, zum Beispiel den Rechten biologischer Eltern ihren Kindern gegenüber untergeordnet wird.

Nichtsdestoweniger sind körperliches und seelisches Wohl von gleicher Wichtigkeit und es ist unrealistisch, sie scharf voneinander zu unterscheiden*.

So notwendig und wichtig der gesetzliche Schutz für das körperliche Wohl des Kindes auch ist, der Inhalt des vorliegenden Buches bezieht sich ausschließlich auf seine seelischen Bedürfnisse, die von der gesetzlichen Regelung, ihrem heutigen Stand nach, nicht in derselben Weise berücksichtigt werden. Wir machen Anleihen bei der psychoanalytischen Kinderpsychologie und entwikkeln aus ihnen Richtlinien, die sich im allgemeinen auf die Probleme der Kinderunterbringung anwenden lassen. Aufgrund dieser Richtlinien lassen sich die Verfahrensbestimmungen ebenso wie die materiellrechtlichen Regeln einer kritischen Bewertung und Revision unterziehen. Darüber hinaus sollen die Richtlinien dazu verhelfen, einerseits falsche Praktiken und verfehlte Entscheidungen aufzuzeigen, anderseits aber auch das Verständnis für eine Anzahl von einsichtsvollen, aber isoliert gebliebenen Entscheidungen, die ihre Formulierung der richterlichen Intuition, lange vor jeder psychoanalytischen Forschung, verdanken, zu fördern.[2]

Wir verstehen unter »Kindesunterbringung« alle gesetzgeberischen, richterlichen und administrativen Maßnahmen, die sich mit der Herstellung, Regelung oder Wiederherstellung von Eltern/-Kind Beziehungen befassen. Betroffen sind insofern all jene rechtlich relevanten Situationen, in denen entschieden werden muß, wer die elterlichen Aufgaben wahrnehmen sollte. Schon die Ausstellung der Geburtsurkunde ist in diesem Zusammenhang nicht unerheblich. Erst recht spielen Konfliktlagen wie Verwahrlosung, böswilliges Verlassen, Straffälligkeit, Kindesmißhandlung sowie Vorschriften über Pflegschaft, Adoption, das Sorgerecht bei nichtigen und geschiedenen Ehen oder bei einer Trennung der Elternteile eine wichtige Rolle.

Die verwirrende Vielzahl der Ansatzpunkte hat es allen Beteiligten schwer gemacht, zu erkennen, daß das zugrunde liegende Problem immer das gleiche ist. Es handelt sich in allen Fällen um

* Unser Wissen über Kinderentwicklung ist im Wachsen, aber seine Anwendung auf gesetzliche Regelungen und soziale Fürsorge läßt in vieler Beziehung noch auf sich warten. Die künstliche Unterscheidung zwischen körperlichem und seelischem Wohlergehen stammt aus einer Vergangenheit, in der das Kind für den Erwachsenen ein Teil seines Eigentums war, nicht ein Lebewesen mit selbständigen Rechten.[1]

die Frage, ob und inwieweit das Recht imstande ist, indem es auf die äußere Umgebung eines Kindes einwirkt, dessen körperliche und seelische Entwicklung sicherzustellen.

Anders gefaßt lautet die Frage, ob und wie die rechtliche Regelung jedem Kind die Möglichkeit geben kann, als erwünschtes und geschätztes Mitglied einer Familie aufzuwachsen, in ihr zu lieben und geliebt zu werden, ohne schmerzliche Trennungen zu erleben und bei Gelegenheit auch negative Gefühle zu äußern und seine Aggressionen wachsend zu bewältigen. Die Antwort ist leicht in Fällen, wo das neugeborene Kind seinen natürlichen Eltern erwünscht ist. Sie fällt schwer, wenn in der Zeit zwischen Geburt und Reife die Unterbringung eines Kindes zum Streitfall wird, in dem die Interessen Erwachsener miteinander in Konflikt stehen. Gesetzgeber und Gerichte müssen in solchen Fällen schwierige und weittragende Entscheidungen treffen, die wissentlich oder unwissentlich die Voraussage enthalten, wer von den verfügbaren Erwachsenen die beste Aussicht hat, die psychologischen Bedürfnisse des Kindes zu befriedigen.

Daß solche Voraussagen jenseits unserer Möglichkeiten liegen, wird auch von der psychoanalytischen Theorie bestätigt. Anderseits bietet uns die Psychoanalyse viel wertvolles und allgemein anwendbares Wissen über die kindlichen Entwicklungsbedürfnisse, ein Wissen, das als Richtlinie für unumgängliche Entscheidungen dienen kann. Wir lernen, von der Psychoanalyse wie auch von anderen Entwicklungstheorien, daß jedes Kind andauernde Umweltsbeziehungen braucht, die seiner Gefühls- und Verstandesentwicklung dienen. Eine solche Erkenntnis wirft ein zweifelhaftes Licht auf Adoptionsbeschlüsse, durch die die neue Eltern/-Kind-Beziehung Jahre hindurch ungesichert bleiben kann, oder auf Scheidungsprozesse, nach denen die elterliche Sorge die ganze Kindheit hindurch gerichtlichen Änderungen vorbehalten bleibt. Ebenso fraglich erscheinen von diesem Gesichtspunkt aus gesehen Entscheidungen, die das Kind abwechselnd bei den Elternteilen unterbringen oder dem von der elterlichen Sorge ausgeschlossenen Elternteil das Recht geben, das Kind zu bestimmten Zeiten zu besuchen. Die Störungen und Umwälzungen im Leben des Kindes, die solchen Entscheidungen folgen, sind ein Beweis dafür, wie oft das Recht seiner eigenen Absicht, dem Wohl des Kindes zu dienen, widerspricht.

Zusammenfassend können wir sagen, daß es die Absicht dieses

Buches ist, Richtlinien für alle jene Instanzen zu entwickeln, denen es obliegt, die äußere Umwelt eines Kindes so zu gestalten, daß seine Innenwelt sich vorteilhaft entfalten kann. Zu diesem Zweck definieren wir Begriffe wie »erwünschtes Kind«, biologische, psychologische, adoptive und »faktisch« adoptive Eltern/-Kind-Beziehungen. Innerhalb der Grenzen des Rechts einerseits und unseres Wissens anderseits verwenden wir die psychoanalytischen Lehren über Wachstum und Entwicklung, um die Probleme der Kinderunterbringung zu beleuchten und die darauf bezüglichen Verfahren in neue Bahnen zu lenken. Im weiteren verwenden wir unsere Richtlinien, um bereits ergangene Entscheidungen in unserem Sinne neu zu formulieren und um Vorschläge für Abänderungen im bestehenden Familienrecht zu machen.

Wir beenden dieses erste Kapitel mit der Beschreibung von zwei Werturteilen, die wir als Autoren teilen. Wir vertreten, als erstes, die Ansicht, daß für das Gesetz die Bedürfnisse des Kindes unbestrittenen Vorrang haben müssen. Diese Einstellung entspringt nicht nur unseren beruflichen Erfahrungen; darüber hinaus vertritt sie das Interesse der sozialen Gemeinschaft. Kinder, die ohne eine gesunde Elternbeziehung aufwachsen, werden selbst schlechte Eltern. Jede Entscheidung, die das verhütet, gewinnt für die Gemeinschaft einen guten Vater oder eine gute Mutter für die nächste Generation. Zweitens teilen wir eine Vorliebe für Nichteinmischung. Um dem kindlichen Bedürfnis nach Dauerzuständen zu entsprechen, müssen Eltern das Recht haben, ihre Kinder, frei von staatlicher Einmischung, nach eigenem Gutdünken aufzuziehen, ein Recht, das nur durch Vernachlässigung oder Verlassen des Kindes in Frage gestellt werden darf. Wir gründen diese Einstellung auf die Überzeugung, daß menschliche Bindungen, wie die Eltern/Kind-Beziehung, zu komplex und empfindlich sind, um von einem unpersönlichen Instrument wie dem Gesetz in geeigneter Weise geregelt zu werden. Wo die Umstände es erlauben, ist es besser, es »beim Guten« zu lassen.

Alles in allem beschränkt sich unsere Argumentation auf streitige Unterbringungen von Kindern, d. h. auf Fälle, in denen die in Betracht kommenden Erwachsenen keine Einigung erzielen konnten und deshalb die Gerichte einschalteten.

II.

Die Eltern-Kind-Beziehung

Es ist eine rechtlich anerkannte Tatsache, daß Kinder während der langen Jahre ihrer Entwicklung unfertige und unselbständige Wesen sind, unfähig, auch nur ihre wichtigsten Körperbedürfnisse zu befriedigen oder sich ohne äußere Hilfe am Leben zu erhalten. Die gesetzlichen Bestimmungen bewirken deshalb auch eine rechtliche Beziehung zu den eigenen Eltern in aller Regel automatisch mit der Geburt oder sorgen für Ersatzeltern, wo es an der natürlichen Beziehung fehlt. Eltern und Kinder bilden von da an miteinander die Familie, die für das Leben, die Entwicklung und das Benehmen des Kindes verantwortlich ist.

Dieser rechtlichen Lage entsprechen auf der psychologischen Seite eine Reihe von Bedingtheiten. Kinder sind nicht nur körperlich, sondern auch seelisch von den Erwachsenen abhängig. Sie entwickeln sich gefühlsmäßig, verstandesmäßig und moralisch nicht in einem Vakuum, sondern in Wechselbeziehung mit den Umwelteinflüssen, die auf sie einwirken.

Die Einsicht in diese Beziehungen zwischen Kind und Erwachsenem hat in unserer Zeit erhebliche Fortschritte gemacht. Kinderärzte und Kinderschwestern, Kindergärtnerinnen und Lehrer, Jugendrichter und Kindertherapeuten sind jetzt bereit, kein Kind, das durch ihre Hände geht, zu beurteilen oder zu verurteilen, ohne die Verhältnisse im Elternhaus in Betracht zu ziehen.

Aber so begrüßenswert eine solche Haltung im Gesamtrahmen unserer analytischen Kinderpsychologie auch ist, so notwendig ist es, vor Einseitigkeit zu warnen. Es ist nur zu leicht, über die Abhängigkeit des Kindes seine Existenz als selbständiges Wesen zu vergessen. Kinder sind mehr als bloße Ausflüsse der erwachsenen Welt und mehr als nur passive Empfänger der elterlichen Einflüsse. Was sie in die Welt mitbringen, ist eine angeborene Konstitution, und erst die aktive Wechselwirkung zwischen dieser Erbschaft und den Erfahrungen in der Außenwelt führt zur Entfaltung der kindlichen Persönlichkeit mit all ihren Variationen. Nur so lassen sich die Unterschiede zwischen Geschwistern verstehen, die in derselben Familie, d. h. unter denselben äußeren Bedingungen aufwachsen, nicht als Spiegelbilder der Eltern, sondern als Einzelwesen mit individuellen Eigenschaften und Schicksalen.

Kinder sind nicht nur voneinander verschieden; ihre psychische Struktur unterscheidet sich auch in wichtigen Beziehungen von der der Erwachsenen.

Kinder sind anders als Erwachsene in bezug auf die Wandelbarkeit und Unberechenbarkeit ihrer Reaktionen. Je nach Alter und Entwicklungsstand ändern sich ihr Verständnis für die Vorgänge in der Umwelt, ihre Fähigkeit, Aufschub in der Befriedigung ihrer Wünsche zu ertragen, ihr Bedürfnis nach Stütze, Leitung, bzw. ihr Streben nach Freiheit und Abwesenheit von Bevormundung. Einstellungen der Umwelt, die in einer Phase der Entwicklung zuträglich sind, sind in der nächsten abträglich.

Kinder sind anders als Erwachsene in bezug auf ihre Einstellung zur Zeit. Der normale Erwachsene mißt den Ablauf der Zeit mittels Uhr und Kalender, während Kinder die Dauer eines Zeitraums je nach der Dringlichkeit ihrer Triebwünsche beurteilen. Jeder Aufschub in der Erfüllung eines Triebwunsches erscheint ihnen darum endlos; dasselbe gilt für die Dauer der Trennung von einem Liebesobjekt.

Kinder sind anders als Erwachsene in ihrer Einstellung zu den realen Vorgängen in der Außenwelt. Sie sehen, was immer geschieht, nicht als objektiv bedingt, sondern beziehen es in egozentrischer Weise nur auf ihre eigene Person.[3] So empfinden sie einen einfachen Umzug von einer alten in eine neue Wohnung als eine schmerzliche, ihnen auferlegte Trennung von gewohnten und vertrauten Dingen; die Geburt eines Geschwisterchens als einen feindseligen Akt der Eltern ihnen gegenüber; die finanziellen oder gesundheitlichen Sorgen der Eltern als Vernachlässigung ihrer eigenen Person; den Tod von Vater oder Mutter als ein ihnen angetanes, nicht gut zu machendes Unrecht.

Kinder sind auch anders als Erwachsene in ihren Beziehungen zu den Menschen ihrer Umwelt. Der normale Erwachsene findet es nicht schwer, freundliche Beziehungen mit Menschen zu unterhalten, die einander fremd, gleichgültig oder sogar feindselig gegenüberstehen. Kinder verlangen, daß die Eltern, die sie lieben sollen, miteinander einig sind. Jeder Streit oder Zwiespalt zwischen Vater und Mutter findet seinen Widerhall in Zwiespältigkeit und schmerzlichen Loyalitätskonflikten im Gefühlsleben des Kindes.

Was noch schwerer wiegt als die vorstehenden Unterschiede, ist die verschiedene Bedeutung der Blutsverwandtschaft für Eltern und Kind. Für den Vater ist die Zeugung eines Kindes eine willkommene Bestätigung seiner intakten Männlichkeit. Für die Mutter sind neun Monate Schwangerschaft eine wichtige Zeit der Vorbereitung für die ihnen folgende biologische Einheit mit einem neuen ihr gehörigen und von ihr abhängigen Wesen. Für das Kind selbst spielen seiner Geburt vorangehende Einstellungen fürs erste keine Rolle. Es erkennt als Eltern diejenigen Personen an, die von Stunde zu Stunde und Tag für Tag seine wichtigsten Körperbedürfnisse befriedigen, seine Gefühle erwecken und beantworten und für sein physiches und psychisches Wachstum und Gedeihen Sorge tragen.

Die geschilderten Unterschiede in Mentalität, Funktion und Reaktion sind Zeichen, daß wir Kindern Unrecht tun, wenn wir sie als Erwachsene in Miniatur betrachten. Die kindliche Natur ist ein Ding an sich, verschieden von der Natur des Erwachsenen, verschieden von Kind zu Kind und auch für das Individuum selbst verschieden je nach Altersstufe, Entwicklung und Stellung innerhalb der Familie.

Auch das Bild der Familie als soziale Gruppe ist in jedem Zeitalter und in jedem Kulturkreis ein anderes. Aber darüber hinaus bleibt das, was wir als »Familie« bezeichnen, trotzdem für jedes einzelne Kind diejenige Umwelt, die am besten geeignet ist, seine zahlreichen körperlichen und seelischen Bedürfnisse dauernd zu befriedigen, eine Fähigkeit, die auch vom Gesetz bestätigt und anerkannt ist. Der kindliche Körper braucht Nahrung, Schutz und Pflege. Der kindliche Intellekt entwickelt sich nicht spontan, sondern in Reaktion auf die Einwirkungen von außen. Das Kind braucht Hilfe, um die Reize, die aus der Innenwelt, und die Wahrnehmungen, die aus der Außenwelt anlangen, für sein Verständnis einzuordnen. Es braucht Menschen, die seine positiven Gefühle empfangen und erwidern und sich seine negativen Äußerungen und Haßregungen gefallen lassen. Es braucht die aktive Stütze und Beteiligung der Erwachsenen, um sein primitives Triebleben (Sexualität und Aggression) in Schach zu halten und in sozial anerkannte Bahnen zu lenken. Seine spätere Ethik und Moral ist abhängig von den Vorbildern, die ihm in den frühen Jahren von den Eltern geboten werden. Erst recht bleiben sein Selbstgefühl und seine Selbstsicherheit im späteren Leben abhängig von seiner Stellung innerhalb der Familie, d. h. von dem Gefühl geschätzt, anerkannt und als vollwertiges Familienmitglied betrachtet zu werden.

Die Anpassung des Kindes an die Umwelt geht also den Weg über seine Erlebnisse und seine Stellung im Familienverband. Haltungen und Handlungen der Eltern tragen in folgender Weise direkt und indirekt zu diesem Ergebnis bei:

> Die Regelung von Nahrungsaufnahme und Schlaf von seiten der Mutter gibt dem Säugling einen ersten Eindruck von Zeitablauf und Zeiteinteilung;
>
> daß viele seiner Bedürfnisse und Wünsche, aber nicht alle und nicht jederzeit befriedigt werden, lehrt das Kind, Aufschub und Versagung zu ertragen;
>
> Lob und Tadel von seiten der Eltern legen die Grundlage für die erwachende Selbstkritik auf seiten des Kindes sowie für seine allmählich zustande kommende Triebbeherrschung, die zu Einschränkung des Egoismus und zur Rücksichtnahme auf die Mitmenschen führt;
>
> die soziale Einstellung der Eltern ist das Vorbild, mit dem das Kind sich identifiziert;
>
> die Stellung in einer Geschwisterreihe befördert diese Anpassungen und vermittelt dem Kind die erste Erfahrung vom Leben in einer sozialen Gemeinschaft, in der gleiches Recht für alle gilt.

Diese Schilderung der Familie und ihrer Wirkungen auf das Kind ist offenbar ein Idealbild, das im wirklichen Leben selten erreicht wird. Häufig genug entspricht die Entwicklung des Kindes nicht den Erwartungen der Eltern. Verlangsamungen und Abweichungen sind auf jeder einzelnen Entwicklungslinie möglich, und wo immer sie vorkommen, stören sie die normale Wechselbeziehung zwischen Kind und Umwelt. Es kann sein, daß die Eltern Forderungen stellen, die an sich berechtigt sind, denen das Kind aber aufgrund seines eigenen Entwicklungsstandes nicht nachkommen kann. Der Mangel an Anpassung auf seiten eines

Kindes kann darum durchaus nicht immer der Familie zur Last gelegt werden.

Wo anderseits die Familie selbst ihre Aufgabe nicht erfüllt, sind die Konsequenzen für das Kind etwa die folgenden:

> Die Fürsorge für Säugling und Kleinkind ist in manchen Familien nicht weniger unpersönlich als in einem Kinderheim oder Waisenhaus. Im Gegensatz dazu geht sie in anderen Familien weit über das Maß hinaus, das für das Wohl des Kindes notwendig ist. In beiden Fällen antwortet das Kind nicht mit der geschilderten, erwünschten Anpassung an die Außenwelt;
>
> auch wo beide Eltern im Familienverband leben, kann ihre Gefühlsbeteiligung so gering sein, daß die Liebesansprüche des Kindes unbefriedigt bleiben;
>
> die Gefühlsbeteiligung der Geschwister kann so gering sein, daß eine Gemeinschaft mit ihnen nicht zustande kommt;
>
> wo Vater und Mutter in ihrer eigenen sexuellen Rolle unsicher sind, überträgt sich diese Unsicherheit auf das Kind;
>
> mangelnde soziale Anpassung auf seiten der Eltern führt auf Grund der Identifizierung mit ihnen zu Mißerfolgen in der Anpassung des Kindes;
>
> wo Familien unvollständig sind (durch Krankheit, Tod, Trennung, Scheidung etc.), fehlt dem aufwachsenden Kind der Einfluß von zwei Erwachsenen verschiedenen Geschlechts, die miteinander in enger Verbindung stehen;[4]
>
> wo Geschwister fehlen, haben einzige Kinder es schwerer als andere, sich an eine soziale Gemeinschaft anzupassen.

Zusammenfassend kann man sagen, daß die Entwicklungsbedingungen für ein Kind dort am besten sind, wo eine vollzählige Familie ihren Einfluß mit Verständnis, Einfühlung und Toleranz geltend macht. Die Erwachsenen in einer solchen Familie können die biologischen Eltern, die Adoptiv- oder Pflegeeltern des Kindes sein. Was immer ihr rechtlicher Status ist, sie sind die Eltern des Kindes im psychologischen Sinne des Wortes, und ihre Haltung macht das Kind zu einem erwünschten, geschätzten und vollwertigen Familienmitglied.

Die hier eingeführten Begriffe »psychologische Eltern« und »erwünschtes, geschätztes Kind« bestimmen das Thema für unsere weiteren Ausführungen.

Das Kind und seine biologischen Eltern

»Biologische« oder »natürliche« Eltern sind die Erwachsenen, die das Kind gezeugt und zur Welt gebracht und aufgrund dieser Blutsverwandtschaft das erste Anrecht auf dieses Kind haben. Dieses Recht kann nur bestritten werden, wenn das Kind vernachlässigt oder verwahrlost ist, wenn die Erwachsenen zugunsten einer Adoption selbst auf ihren Anspruch verzichten oder wenn ihnen die Fähigkeit, die elterlichen Rechte auszuüben, vom Gericht abgesprochen wird.[5]

Für den normalen Mann bedeutet die Zeugung eines Kindes die willkommene Bestätigung seiner Potenz, für die normale Frau sind Schwangerschaft und Geburtsakt die Erfüllung ihrer weiblichen Rolle. Wo diese Einstellungen intakt sind, fließt die Eigenliebe der Eltern auf das Neugeborene und Kleinkind über und führt zu der bekannten Überschätzung der eigenen Kinder von seiten der Eltern. Die öffentliche Meinung spricht aus diesem Grund den biologischen Eltern eine nie fehlende instinktive Bindung zu und hält an dieser Überzeugung fest, so oft auch Vorfälle von Kindesmord, Kindesmißhandlung und Kindervernachlässigung für das Gegenteil sprechen.

In Fällen, in denen die Eltern ihrer sexuellen Identität nicht sicher sind, ist auch ihre Beziehung zur Nachkommenschaft gestört. In Fällen, in denen das neugeborene Kind eine Mißgeburt, d. h. körperlich oder geistig defekt ist, reagieren die Eltern mit Scham-, Schuld- und Minderwertigkeitsgefühlen.

Für das Kind selbst führen die physischen Tatsachen, von Zeugung und Geburt, nicht direkt zu einer Bindung an die Eltern. Seine Gefühlsbeziehungen entstehen in Anlehnung an die Erfüllung seiner Bedürfnisse nach Nahrung, Körperpflege, Zuneigung und Anregung. Nur wo die biologischen Eltern selbst diese Wünsche befriedigen, entsteht aufgrund der biologischen eine psychologische Beziehung, in der das Kind sich sicher, geschätzt und erwünscht fühlen kann. Biologische Eltern, die diese Bindung nicht erfüllen oder nicht in Gemeinschaft mit dem Kind leben, sind für sein Gefühl nicht anders als Fremde.

Das Kind und seine psychologischen Eltern

Wir irren, wenn wir die psychologische Beziehung zwischen dem Kind und seiner erwachsenen Umwelt als einfach und unkompliziert ansehen. Der Grund für die Abhängigkeit des Kindes bleibt zwar immer der gleiche, nämlich seine Unfähigkeit für die eigene Selbsterhaltung zu sorgen; aber die Art und Weise, wie Schutz und Fürsorge gegeben werden, trägt eine Unzahl von Variationen in die Beziehung ein. In Anstalten und Kinderkrankenhäusern, wo die Pflege unpersönlich und routinemäßig erfolgt, bleibt der Säugling vor allem mit dem eigenen Körper beschäftigt und zeigt wenig oder keine Zuwendung zur Außenwelt. In extremen Fällen verliert es sogar oder entwickelt gar nicht erst ein Interesse am eigenen Körper.[6] Nur wo die erwachsene Pflegeperson auch gefühlsmäßig an ihrer Aufgabe beteiligt ist, entwickelt sich aufgrund der Körperpflege eine seelische Bindung zwischen ihr und dem Pflegling, und die Aufmerksamkeit des Kindes richtet sich zum erstenmal im Leben auf eine Person in der Außenwelt.

Aufgrund der ersten tastenden Zuwendungen dieser Art entstehen dann in der weiteren Folge die menschlichen Beziehungen. Mit zunehmendem Alter sucht das Kleinkind nicht nur nach Befriedigung seiner körperlichen Bedürfnisse, sondern verlangt auch Teilnahme, Zärtlichkeit und menschliche Nähe. Wo diese Wünsche regelmäßige und sichere Erfüllung finden, entsteht eine Gefühlsbindung an die Eltern, die dem Intellekt und der sozialen Einstellung des Kindes zugute kommt. Wo die elterliche Fürsorge unverläßlich ist, antwortet das Kind mit Entwicklungsstörungen. Wo die erwachsenen Personen wechseln oder häufig abwesend sind, wird die Empfindlichkeit dieser frühen Bindungen in ihrem ganzen Umfang offenbar und äußert sich in Entwicklungsrückschritten, d. h. im Aufgeben von kürzlich erworbenen Fortschritten auf dem Gebiet der Gefühle, Funktionen und Anpassungen. Es braucht Jahre, bis das Kind in dieser Beziehung von den äußeren Geschehnissen unabhängiger wird. Das ältere Kind ist fähig, in seiner Innenwelt Vorstellungen der Elternpersonen aufzubauen, an die es sich auch in ihrer Abwesenheit halten kann. Noch später entstehen die Identifizierungen mit den Haltungen und Forderungen der Eltern, die als Teil seiner eigenen Person seine Struktur vor Erschütterungen bewahren.

Wir irren auch, wenn wir annehmen, daß die psychologische Beziehung zwischen dem Kind und seinen Eltern zu allen Zeiten positiv sein muß. Sie hat, wie alle menschlichen Beziehungen, ihre Beimischung von negativen Elementen. Auf seiten des Kindes halten sich Liebe, Aggression und Todeswünsche in wechselnden Beiträgen die Waage. Zur Zeit der Pubertät verhelfen Haß und Auflehnung dem Jugendlichen zu der für seine Reifung notwendigen Ablösung von den Eltern.

Die psychologische Beziehung zwischen Kind und Eltern besteht also unabhängig von ihrer Blutsverwandtschaft und gründet sich auf das tägliche intime Zusammenleben zwischen den beiden Partnern. Die biologischen Eltern selbst, Adoptiveltern oder Pflegeeltern können die letztere Rolle in gleicher Weise erfüllen; aber ein abwesender Erwachsener bleibt dem Kind fremd, auch wo das Gesetz ihm Rechte im Hinblick auf das Kind einräumt.

Es ist wichtig zu wissen, daß auch der beste Charakter eines Erwachsenen ohne Einfluß auf das Kind bleiben kann, wo die seelische Beziehung zwischen den beiden sich aus irgendeinem Grund nicht hergestellt hat. Anderseits kann die Liebesbindung eines Kindes stark und wirkungsvoll sein, auch wo die Eltern schwach, dissozial oder kriminell sind. Begreiflicherweise führt die Identifizierung des Kindes mit solchen Eltern nicht zum Guten, bedroht die soziale Anpassung und bewirkt im extremen Fall rechtlich die Entfernung des Kindes aus der Familie. Für das Gefühl des Kindes ist aber auch eine Trennung dieser Art ein schmerzliches und oft traumatisches Erlebnis.

Das erwünschte und geschätzte Kind

Die psychologische Bindung zwischen Kind und Eltern ist doppelseitig: das Kind braucht Eltern und psychologische Eltern brauchen ihrerseits das Kind. Um ein gesundes Selbstgefühl zu entwickeln, muß ein Kind zumindest eine erwachsene Person lieben können und sich von ihr geliebt und geschätzt fühlen. Nur dann entsteht ein Zutrauen zum eigenen Wert und zum Erfolg im Leben. Kleinkinder, die ohne Erfüllung dieser Bindung aufwachsen, leiden an den Folgen in der späteren Kindheit und Erwachsenheit. Sie vernachlässigen entweder ihren eigenen Körper oder ihre Kleidung und äußere Erscheinung, oder sie zeigen die eigene Person in schlechtem Licht. Hand in Hand mit ihrer verminderten Selbstliebe geht auch eine verminderte Liebesfähigkeit, dem Liebespartner und später den eigenen Kindern gegenüber.

Kinder, die aufgrund einer unerwünschten Schwangerschaft in die Welt gesetzt werden, haben also von ihrer Geburt an schlechte Aussichten auf ein gesundes Aufwachsen, außer wo es ihnen gelingt, durch die bloße Tatsache ihrer Existenz die Liebe der Eltern zu erwerben, oder wo eine schnelle anderwertige Unterbringung liebende Eltern verschafft.

Unterbringung in einem Heim anstelle der eigenen Familie, einer Adoptiv- oder Pflegefamilie, hat offenbare Nachteile für das Kind. Auch wo psychologische Eltern ihre Fehler haben, kann das Kind ein wertvolles Familienmitglied sein. Im Heim gibt es keine solche Möglichkeit. Eine gute Anstalt kann Pflege, Schutz und Anregung bieten; was sie dem Zögling nicht geben kann, sind psychologische Eltern.

Nicht jedes elterliche Streben, sich vom Kind nicht zu trennen, entspringt der gegenseitigen Gefühlsbeziehung oder der Hochschätzung seiner individuellen Eigenart. Andere Gründe sind finanzieller Art; Rache an einem geschiedenen Ehepartner; der Versuch, eine Heirat herbeizuführen oder vor dem Scheitern zu retten; der Wunsch, ein kürzlich verstorbenes Kind zu ersetzen, d. h., Motive, die einer gesunden Entwicklung des Kindes nicht zugute kommen.

Die Entwicklung eines Kindes leidet auch, wenn es überschätzt wird, und die Eltern wenig oder keine Gegenleistung für ihre Einstellung erwarten. Solche Situationen steigern das kindliche Selbstgefühl, Selbstzutrauen und Egoismus, vermindern aber gleichzeitig die Erziehbarkeit des Kindes, die letzten Endes darauf aufgebaut ist, durch Beherrschung der Triebwünsche, die Zufriedenheit der Eltern zu erwerben.

Das Kind und seine Adoptiveltern

Der Begriff »Adoptiveltern« bezeichnet Erwachsene, denen der Staat in Abwesenheit jeder biologischen Beziehung zu dem Kind die volle elterliche Verantwortung zuspricht. Durch die

Adoption erlöschen die Rechte der biologischen Eltern[7]. Die heutige Rechtslage macht eine Adoption abhängig von der elterlichen Zustimmung oder dem völligen Verlassen des Kindes und wahrt dadurch die Rechte der biologischen Eltern, auch wo sie dem Interesse des Kindes zuwiderlaufen.[8]

In Fällen, wo die Adoption in den ersten Lebenswochen des Säuglings erfolgt, sind Adoptiveltern in derselben Lage wie die natürlichen Eltern und haben dieselbe Möglichkeit, eine seelische Wechselbeziehung mit dem Kind herzustellen. Diese Aussicht ist umso weniger günstig, je später die Adoption durchgeführt wird, d. h. je mehr Unterbringungen, Bindungen an andere Pflegepersonen und Trennungen von ihnen ihr vorangehen. Die Aussicht verschlechtert sich auch durch die vorgeschriebene Probezeit. Solange die Erwachsenen über den Ausgang unsicher sind, halten sie begreiflicherweise mit der Bindung an das Kind zurück.[9]

An und für sich garantiert die Tatsache einer Adoption weder die psychologische Elternschaft noch die Stellung des adoptierten Kindes als vollwertiges und geschätztes Familienmitglied. Nicht alle Motive, die zur Adoption führen, sind für einen solchen Ausgang günstig. Kinder werden adoptiert, wenn eine Ehe (gleichgültig aus welchem Grund) kinderlos ist; wenn ein einziges Kind Geschwister oder ein verwaistes oder sonstwie verlassenes Kind Eltern braucht; wenn Eltern nach Ersatz für ein verstorbenes Kind suchen; wenn ein Erbe fehlt; wenn eine Ehe gefährdet ist; wenn eine bewußte oder unbewußte Phantasie die Erwachsenen zu diesem Schritt drängt. Die Hilflosigkeit und Abhängigkeit des Kleinkindes befördert in vielen Fällen die mütterliche Einstellung, auch wo die Vorbereitung durch neun Monate Schwangerschaft fehlt. In anderen Fällen hindert die Tatsache der Adoption die väterliche Einstellung, d. h. läßt den Mann nicht vergessen, daß er nicht imstande war, ein eigenes Kind zu zeugen.

Adoptiveltern empfinden es häufig als Bestätigung ihrer Elternschaft, wenn das adoptierte Kind nach ihrem eigenen Bild aufwächst. Die offiziellen Adoptionsvermittlungen bemühen sich, diesem Wunsch Rechnung zu tragen und Kinder zur Adoption anzubieten, die den Adoptiveltern in bezug auf äußere Erscheinung, soziale Herkunft und vermutliche erbliche Veranlagung nicht unähnlich sind.[10]

Der offizielle Rat für Adoptiveltern geht dahin, daß es besser ist, die Kinder nicht in Unwissenheit über ihre Adoption aufwachsen zu lassen. Je nach dem Alter des Kindes ist die Wirkung einer solchen Aufklärung eine verschiedene. Kleinkinder verleugnen die Tatsache gewöhnlich, auch wenn sie ihnen wiederholt vor Augen geführt wird und benehmen sich nicht anders als natürliche, erwünschte Kinder ihren natürlichen, psychologischen Eltern gegenüber. Größere Kinder benützen sie oft, um ihren normalen Konflikten mit den Eltern Ausdruck zu geben. Jede Enttäuschung über die Adoptiveltern, sowie die altersgemäße realistische Beurteilung ihrer Personen führt zum Vergleich mit einer Idealvorstellung der biologischen Eltern, auch wenn die letzeren bisher in der Phantasie des Kindes kaum eine Rolle gespielt haben. In der Pubertät beginnen die adoptierten Jugendlichen häufig eine Suche nach den unbekannten, verlorenen, natürlichen Eltern, ehe sie in der endgültigen Reife jeder elterlichen Autorität entwachsen.[11]

Das Kind und seine Pflegeeltern

Der Begriff »Pflegeeltern« bezeichnet diejenigen Erwachsenen, die ein Kind von einer staatlich anerkannten Fürsorgeorganisation übernehmen und ihm ein Heim bieten.[12] Die Bedingungen, unter denen das geschieht, sind verschieden, je nach der finanziellen Kompensation von seiten der Organisation und den von ihr geforderten Gegenleistungen. Nicht alle Organisationen stellen dieselben Erwartungen an die Pflegeeltern. Manche begnügen sich mit »ausreichender Ernährung, geeigneter Schlafstelle«, »Gelegenheit zum Schulbesuch und religiöser Erziehung«, »ärztlicher Aufsicht«, »Vermeidung von Arbeitsleistungen, die die Kräfte des Kindes übersteigen«; andere fordern »Aufnahme des Kindes als vollwertiges Familienmitglied«. Noch andere Unterschiede betreffen die Richtlinien für das Verhältnis zu den biologischen Eltern und deren Besuchsrecht; für die Gewährung von Taschengeld; für Freizeitbeschäftigungen, usw.

Wie immer die Abmachungen im einzelnen auch sind, Pflegeeltern müssen zwei Hauptbedingungen akzeptieren,

> erstens, daß ihre Rolle nicht permanent ist und nicht zur Adoption des Kindes führen kann;

und zweitens, daß die Fürsorgeorganisation das unbestrittene Recht behält, das Kind wann immer aus ihrer Obhut zu entfernen und den Vertrag mit ihnen zu beenden.[13]

Es ist nicht zu leugnen, daß diese beiden Bedingungen einen ungünstigen Einfluß auf das Verhältnis zwischen Pflegeeltern und Pflegekind haben.

Für die Erwachsenen bedeuten sie eine Warnung, sich unter den gegebenen unsicheren Umständen nicht zu stark mit ihren Gefühlen an das Kind zu binden.[14] Auch abgesehen davon, sind sie nicht in der Lage natürlicher Eltern, deren Liebe, Geduld und Toleranz dem Kind gegenüber auf ihre uneingeschränkten und unbestrittenen Rechte beruhen. Ohne endgültige Entscheidung über das Schicksal des Kindes, bleibt ihnen nur die pflichtgemäße Erfüllung einer Aufgabe einem hilflosen Wesen gegenüber. Im Falle des Kleinkindes mag diese hilflose Abhängigkeit genügen, um ihre elterliche Einstellung zu erwecken; nicht aber bei älteren Kindern, die einerseits weniger hilflos und anderseits weitaus schwieriger für ihre Umwelt sind.

Für das Pflegekind kommt in Betracht, daß es bald nach der ersten Lebenszeit reif genug ist, um die Unsicherheit einer Lage zu empfinden, die seinem Bedürfnis nach konstanter Gefühlsbindung widerspricht. Es vermißt die »Allmacht« biologischer Eltern, in deren Schutz es sich sicher fühlen kann. In Fällen, wo die biologischen Eltern es besuchen können, entsteht die Schwierigkeit, Gefühlsbeziehungen zu zwei Elternpaaren zu entwickeln, d. h. Schwierigkeiten, die je nach Alter und Entwicklungsstand des Kindes unterschiedlich sind.

Zusammenfassend läßt sich sagen, daß unter den herrschenden Umständen ein Kind in Pflege keine guten Aussichten hat, eine psychologische Eltern/Kind-Beziehung zu entwickeln, d. h. daß der erwartete Vorteil einer Pflegestelle vor einer Anstaltsunterbringung oft illusorisch ist. Wo Pflegeeltern sich den gegebenen Bedingungen anpassen und pflichtgemäß mit ihren Gefühlen zurückhalten, antwortet auch das Kind mit Bindungen, die zu schwach sind, um zur normalen Gefühlsentwicklung und später zur Identifizierung mit den Umweltspersonen zu führen. Auch das Wandern der Kinder von einer Pflegestelle zur andern erklärt sich aus der Lockerung der Gefühlsbeziehungen auf seiten der Erwachsenen. Es macht es leicht für die Pflegeeltern, sich von dem Kind zu trennen, wann immer die äußeren Umstände sich verschlechtern und sein Aufenthalt an der Pflegestelle eine Last für sie bedeutet.

Die Beziehung zwischen Pflegekind und Pflegeeltern enthält noch andere Gefahren. Manche Pflegeeltern überschreiten die ihnen vorgeschriebenen Grenzen, widmen sich dem Pflegekind voll und ganz, so daß es sich geschätzt und erwünscht fühlt und sie als seine psychologischen Eltern anerkennt. Den vorangehenden Abmachungen nach ist eine Adoption auch in diesen Fällen unmöglich. Was entsteht, ist aber die Situation einer faktischen Adoption, die nach unserer Überzeugung rechtlich ebenfalls anerkannt werden muß.[15]

Gegenwärtig werden Kinder auch in Pflege gegeben, wenn ihre eigene oder Adoptivfamilie kurzfristig außerstande ist, für sie zu sorgen, d. h. im Falle von Unfällen, Krankheit, Geburt eines nächsten Kindes, etc. Solche Kinder brauchen Fürsorge, aber keine neue elterliche Bindung, und es ist Aufgabe der Erwachsenen, in geeigneter Weise dem Kind über die Abwesenheit der von ihm geliebten Person hinwegzuhelfen und gleichzeitig seine bestehenden Gefühlsbindungen zu erhalten.[16]

Vernachlässigte und in ihrer Entwicklung gefährdete Kleinkinder werden auch gelegentlich besonders geeigneten Pflegemüttern anvertraut, um Entwicklungsschäden wiedergutzumachen und sie für eine spätere Adoption vorzubereiten. Die Vorteile einer solchen intensiven Fürsorge müssen aber gegen die Nachteile einer neuen seelischen Bindung mit darauf folgender Trennung von der Pflegemutter abgewogen werden.

*Das Kind und seine faktischen (»Common Law«) Adoptiveltern**

Der Begriff »faktische Adoptiveltern« entspricht nicht dem geltenden Recht. [17] Wir führen ihn ein, um die psychologische Bindung zu bezeichnen, die ein Kind Erwachsenen gegenüber ent-

* Die Verfasser wählen diesen Begriff in bewußter Anlehnung an die im angloamerikanischen Recht gebräuchliche Umschreibung von Ehen, die zwar ohne behördliche Mitwirkung und nur durch den Konsens der Beteiligten, aber trotzdem gültig geschlossen worden sind. Da außerhalb des angloamerikanischen Rechts auf das common law nicht Bezug genommen werden kann, erscheint es zweckmäßig, von einer »faktischen« Adoption zu sprechen. Dies vor allem deshalb, weil damit die Verbindung zu ähnlichen im Bereich des Vertragsrechts geäußerten Überlegungen hergestellt wird. (S. Simitis)

wickelt, die weder dem Geburtszeugnis noch einer den gesetzlichen Vorschriften entsprechenden Adoption nach seine Eltern sind. Solche Beziehungen können sich entwickeln, wann immer Eltern ihr Kind Fremden oder Verwandten für längere Zeit zur Pflege übergeben, ohne irgend eine rechtlich verbindliche Vereinbarung zu treffen.[18] Sie entwickeln sich auch, wie oben bemerkt, wenn Pflegeeltern im täglichen Zusammenleben sich voll und ganz an das Kind binden, seine spontane Zuneigung erwidern und vor Gericht auf seine Adoption drängen, ein Wunsch, der sehr oft von den Fürsorgebehörden, sei es im eigenen Namen, sei es im Namen der biologischen Eltern abgelehnt wird.

Was das Gericht in solchen Fällen vor sich hat, ist eine Situation, die alle psychologischen Elemente einer gut funktionierenden Eltern/Kind-Beziehung enthält. Was tatsächlich vorliegt, ist eine gelungene Adoption, in jedem außer im rechtlichen Sinn, eine Situation also, die den Namen »faktische« Adoption verdient. Wo die rechtliche Anerkennung verweigert und das Kind aus der Pflegestelle entfernt wird, leiden einerseits die Pflegeeltern unter der ihnen aufgezwungenen Trennung; das Pflegekind seinerseits antwortet auf die Unterbrechung seiner Gefühlsbindung mit Trauer und mit Rückschritten in seiner Entwicklung, d. h. nicht anders als auf den Verlust von natürlichen oder Adoptiveltern durch Trennung oder Tod.

Das voranstehende Kapitel enthält die Definitionen von Ausdrücken und Begriffen, die wir auf Grund unserer psychoanalytischen und rechtlichen Kenntnisse formuliert haben. Sie eignen sich, unserer Meinung nach, zur Aufstellung von Richtlinien für gerichtliche Entscheidungen, die Adoptionen ebenso betreffen wie Vormundschaften, Ehescheidungen, die Vernachlässigung von Kindern und die Unterbringung in Pflege.[19] Bei der Beurteilung dieser Richtlinien ist es aber wichtig, nicht zu vergessen, daß es sich hier um außerordentlich schwierige Verhältnisse handelt. Die jeweils vorgeschlagenen Lösungsformeln sind deshalb mit Vorsicht zu handhaben.[20] Wenn sie als Schlagworte gebraucht werden, besteht die Gefahr, daß sie die komplizierten menschlichen Beziehungen verdunkeln, die wir aufzuhellen versuchen.

Zweiter Teil

Richtlinien für die rechtliche Regelung der Unterbringung von Kindern

III.

Über das kindliche Bedürfnis nach Dauerzuständen; über den kindlichen Zeitbegriff; über die Grenzen der Macht des Gesetzes und die Grenzen unserer Fähigkeit, die Zukunft vorherzusagen

Die drei hier folgenden Richtlinien wenden sich an alle jene Personen, denen es obliegt, gesetzliche Vorschriften über die Unterbringung eines Kindes in einer Familie oder Anstalt anzuwenden. Sie entspringen der Überzeugung, daß Kinder ein Recht auf psychologische Eltern haben und daß die Verwirklichung dieser Möglichkeit in Betracht gezogen werden soll, wenn das Gericht über die Unterbringung zu entscheiden hat.

Entscheidungen über Unterbringung sollen dem Bedürfnis des Kindes nach langdauernden Bindungen Rechnung tragen

Jede normale Kinderentwicklung beruht auf dauernden Gefühlsbindungen, dauernden Umwelteinflüssen und stabilen äußeren Verhältnissen. Erwachsene, für die gleichbleibende äußere Umstände nicht dieselbe Rolle spielen unterschätzen, häufig ihre Notwendigkeit für das Kind.

Der Weg von der Kindheit zur Erwachsenheit ist nicht einfach und das physische, emotionelle, intellektuelle und moralische Wachstum eines Individuums gehen selten ohne innere Schwierigkeiten vor sich. Je größer die innere Unruhe während der Entwicklungszeit ist, desto stärker ist das Bedürfnis nach äußerem, ununterbrochenem Halt. Wo Umstürze in der Umwelt gleichzeitig mit den Umstürzen in der Innenwelt vor sich gehen, wird die Entwicklung aufgehalten oder gerät auf Abwege.

Die verschiedenen Lebensalter reagieren in verschiedener Weise auf Änderungen in ihrer Umwelt.

Das Kleinkind, *von Geburt bis etwa 18 Monate,* kann auf jede Änderung in seiner Pflege mit Nahrungsverweigerung, Darmstörung, Schlafstörung und Schreien antworten. Schon die Teilung der Pflege zwischen der Mutter und einer Ersatzperson im eigenen Heim hat Folgen dieser Art. Sie wiegen umso schwerer, wo das Kleinkind einen Teil des Tages zu Hause, einen andern Teil in einer Kinderkrippe verbringt; wo Anstaltspflege durch ein Pflegeheim abgelöst wird; oder eine Pflegestelle von Adoptiveltern. Jede Pflegeperson, die das Kind neu übernimmt, kann nicht umhin, es auf ihre eigene, dem Kind neue Art, zu füttern, schlafen zu legen oder zu trösten. Das Kind hat in diesem Alter keine Möglichkeit, sich dem Ungewohnten anzupassen und wird verwirrt, statt sich in der Außenwelt auszukennen.

Ein Wechsel in der Pflegeperson hat auch schwerwiegende Folgen für die Gefühlsentwicklung des Kleinkindes. Seine Bindungen sind zu dieser Zeit weitgehend von der Stabilität der Außenwelt abhängig. Jede Trennung von einer vertrauten Person wirkt als Erschütterung; ihre ununterbrochene Anwesenheit und Fürsorge befördert die kindliche Liebesbindung. Kleinkinder, die sich von der elterlichen Person verlassen fühlen, reagieren nicht nur mit Trennungsangst und Trauer, die Folgen des Erlebnisses machen sich auch in einer Herabsetzung ihrer neuen Zuneigungen fühlbar. Ihr Zutrauen zur Erwachsenen-Welt leidet, und wo die Trennungen sich wiederholen, wie beim Wandern von einer Pflegestelle zur andern, nehmen seine Bindungen mehr und mehr oberflächlichen Charakter an. Solche Kinder werden Erwachsene ohne Gefühlswärme in ihren menschlichen Beziehungen.

In der darauf folgenden kindlichen Frühzeit, etwa *bis zum Alter von 5 Jahren,* wirken Trennungen auch fühlbar auf all jene Erwerbungen des Kindes, die ihre Entstehung der intimen Wechselwirkung mit einer stabilen, in der Folge »psychologischen« Elternperson verdanken. Je neuer die Erwerbung ist, desto leichter wird sie wieder aufgegeben. Beispiele dieser Art sind die Erziehung zur Reinlichkeit und die Erwerbung der Sprachfähigkeit: Nach Trennung von der Mutter verlieren Kinder dieses Alters nur zu häufig die Kontrolle über ihre Schließmuskeln oder die Möglichkeit, sich sprachlich zu verständigen.[21]

Kinder *im Schulalter,* die ihre psychologischen Eltern verlieren, empfinden die Folgen der Erschütterung vor allem in bezug auf die Identifizierung mit den elterlichen Vorschriften, Verboten und sozialen Idealen. Solche Identifizierungen entstehen, wo die Gefühlsbindungen stark und andauernd sind, und werden aufgegeben, wenn das Kind sich von der geliebten Person aufgegeben fühlt. Kinder, die einem häufigen Wechsel der Pflegeperson ausgesetzt sind, verlieren aus diesem Grund die Neigung, sich mit einem neuen Elternpaar zu identifizieren. Die erlebten Enttäuschungen hindern jede neue Gefühlsbeziehung. Kinder rächen sich auch an den neuen Elternpersonen für das ihnen von den Vorgängern zugefügte Unrecht. Wie immer sie reagieren, eine Vielfältigkeit der Pflegestellen macht Kinder dieses Alters unerziehbar und muß als die direkte Ursache von Verwahrlosung, Dissozialität oder Kriminalität angesehen werden.[22]

Pubertierende erwecken für die oberflächliche Beobachtung oft den Eindruck, daß die Unterbrechung der Elternbeziehung ihnen willkommener ist als das Gegenteil. Ein näheres Zusehen erweist dieses Gefühl aber als irreführend in dieser einfachen Form. Was stimmt, ist, daß der Jugendliche sich in Auflehnung gegen die elterliche Autorität befindet und daß er nur auf diesem Weg zur erwachsenen Reife und Unabhängigkeit gelangen kann. Aber es ist wichtig für diesen Ausgang, daß die Unterbrechung der Elternbeziehung ihm vorbehalten bleibt und ihm nicht von seiten der psychologischen Eltern durch ihr Zurückziehen oder ihre Abwendung oder Abwesenheit auferlegt wird.

Erwachsene, die als Kinder die Unverläßlichkeit der Elternbeziehung erlebt haben, »identifizieren« sich mit ihren vielen »Elternpaaren« nur in einer Hinsicht. Sie behandeln ihre Kinder, wie sie selbst behandelt worden sind, und setzen auf die Weise eine Tradition fort, die der nächsten Generation von Kindern nicht weniger abträglich ist als der Zukunft der menschlichen Gesellschaft.[23]

Das Bedürfnis des Kindes nach Dauerzuständen in der Außenwelt muß also als Richtlinie dienen, solange seine Beziehungen zu den Umweltspersonen schwankend und unsicher sind und für ihre Entwicklung äußeren Halt benötigen.

Schlußfolgerungen

Die Anwendung dieser Richtlinie hat weitgehende praktische Bedeutung für Gesetze, die Adoption, Vormundschaft und Pflegeverhältnisse regeln. Sie beinhaltet die Forderung, daß jede Unterbringung eines Kindes endgültig sein muß und daß vorläufige gerichtliche Entscheidungen nicht zu einem Aufenthaltswechsel des Kindes führen dürfen. Das heißt im Grunde, daß alle Unterbringungen, mit Ausnahme der vorübergehenden Fürsorgestellen, denselben Dauercharakter haben sollen wie die Zuweisung eines Neugeborenen zu seinen natürlichen Eltern.

Nur eine bereits abgeschlossene, endgültige Adoption erfüllt die Anforderungen unserer Richtlinie. Die üblichen Wartezeiten von einem Jahr sind damit nicht zu vereinbaren. Diese Wartezeit, die das zu adoptierende Kind mit den zukünftigen Adoptiveltern verbringt, ist eine Zeit der Unsicherheit für beide, Kind und Erwachsene. Das Jahr, das beiden Partnern die beste Gelegenheit geben sollte, gesicherte Dauerbeziehungen miteinander anzuknüpfen, wird statt dessen eine Prüfungszeit, gestört durch die Besuche von kritischen Amtspersonen und belastet mit dem Zweifel über den endgültigen Ausgang.

Den Behörden gibt die Wartezeit Gründe zur Einmengung, die keiner natürlichen Eltern/Kind-Beziehung gegenüber zu Recht bestehen.[24] Manche Adoptiveltern behandeln das Kind in dieser Zeit, als wäre es »auf Probe«, was begreiflicherweise einer Herstellung der erwünschten Dauerbeziehung nicht zugute kommt. Andere Adoptiveltern (oder ältere Adoptivkinder) halten selbst mit ihren Gefühlen zurück, bis der Verbleib des Kindes in der neuen Familie sicher ist. Daß der Staat das Recht hat, das neue Kind wieder wegzunehmen, wird von in der Familie schon vorhandenen Kindern als Gefahr empfunden. Wo der Wunsch nach dem Verschwinden des Neuankömmlings sich tatsächlich erfüllte, sind die Folgen für das Schuldgefühl der zurückbleibenden Kinder empfindlich und schwerwiegend.

Wir befürworten deshalb die Abschaffung von Wartezeiten. Adoptionen sollen abgeschlossen sein, sobald das Kind in die Adoptivfamilie eintritt. Es entspricht unserer Richtlinie, daß ein Adoptionsdokument nicht weniger endgültig sein soll als ein Geburtszeugnis und in derselben Weise jeden weiteren staatlichen Eingriff ausschließt. Adoptiveltern, welche die Adoption rückgängig machen wollen, können, ebenso wie biologische Eltern, die Hilfe der Behörden in Anspruch nehmen, um dem Kind die Möglichkeit einer anderen Unterbringung zu sichern.[25]

Eine solche Veränderung der Verhältnisse und Bekräftigung ihrer Endgültigkeit kann nur bewirken, daß die Fürsorgeorganisationen einerseits und die Adoptiveltern andererseits sich ihrer vollen Verantwortlichkeit bewußt werden. Die Möglichkeit einer behördlichen Einmischung in Fällen von Kindesmißhandlung, Vernachlässigung und Verlassen bleibt natürlich bestehen, gleichgültig ob die »endgültige« Unterbringung des Kindes auf Grund der Geburt oder der Adoption erfolgt ist. Aber auch unter diesen Umständen sollte das Gericht die Kontinuitätsrichtlinie im Auge behalten, ehe es für die Unterbrechung der bestehenden Gefühlsbeziehungen entscheidet. Auch bei Vernachlässigung des Kindes müssen die Vorteile einer noch so defekten bestehenden Eltern/Kind-Beziehung gegen die Nachteile der zur Verfügung stehenden neuen Unterbringungsmöglichkeiten abgewogen werden.

Es ist schließlich zu bedenken, daß die Gefahren der Wartezeit sich noch verdoppeln durch die langausgedehnten Einspruchsrechte, die auch nach durchgeführter Adoption den biologischen Eltern zustehen und die Zeit der Unsicherheit auf Jahre ausdehnen können. Was wir erreichen möchten, ist nicht die Abschaffung solcher Rechte, sondern nur die Verkürzung der für ihre Ausübung maßgeblichen Frist.[26] Wir begründen diesen Vorschlag weiter unten im Zusammenhang mit unserer Erörterung des kindlichen Zeitbegriffs.

Elterliche Sorge nach Scheidung und Ehetrennung

Entscheidungen über Kinder in Scheidungs- und Ehetrennungsprozessen sind niemals endgültig und gewöhnlich an Bedingungen gebunden. Daß das Gericht die Möglichkeit hat, seine Entscheidungen zu ändern, wirkt als Aufforderung an den benachteiligten Elternteil, aufgrund veränderter Umstände, eine Überprüfung der bisherigen Regelung zu verlangen. Beides, das Fehlen einer endgültigen Lösung und die daraus folgende Möglichkeit einer Korrektur der gerichtlichen Entscheidung widersprechen dem kindlichen Bedürfnis nach Dauerzuständen. Ebenso wie bei der Adoption sollte auch die Übertragung der elterlichen Sorge endgültig und keinen Änderungen unterworfen sein.[27]

Daß die vom Gericht getroffenen Regelungen gegenwärtig jederzeit revidierbar sind, hat verschiedene Gründe. Der für das Kind verantwortliche Elternteil mag verpflichtet sein, für religiöse Unterweisung oder für regelmäßige ärztliche Überwachung zu sorgen. Wo die Bedingung nicht erfüllt wird, kann der andere Elternteil für eine Entziehung der elterlichen Sorge eintreten. Auch andere Bedingungen, wie z. B. die Besuchsrechte, können bei Nichterfüllung zu demselben Ergebnis führen.[28] Auch wo beide Elternteile »psychologische« Eltern sind, ist es für Kinder nicht leicht, Gefühlskontakt mit beiden aufrechtzuerhalten und Nutzen aus diesem Kontakt zu ziehen, solange die Erwachsenen selbst nicht eine positive Beziehung zueinander haben. Wenn sie Feinde geworden sind, entwickelt das Kind Loyalitätskonflikte, die letzten Endes die positive Einstellung zu beiden Eltern stören. Auch haben Väter oder Mütter, die nur »besuchen« oder »besucht werden«, wenig Aussicht, Liebe und Zutrauen des Kindes zu erwerben oder zu behalten oder als Vorbild für Identifizierung zu dienen, eine Rolle, die auf täglichem, ununterbrochenem Zusammenleben beruht.

Sobald die Entscheidung über die Übertragung gefallen ist, sollte es dem begünstigten Elternteil vorbehalten sein, alle weiteren Maßnahmen der elterlichen Sorge selbst zu treffen. Besuchsrechte des andern Elternteils sollten nicht vom Gericht festgesetzt werden, sondern von dem Elternteil je nach dem Bedarf des Kindes geregelt werden.[29] Nur auf diese Weise kann, nach unserer Meinung, die Beziehung zum verantwortlichen Elternteil gesichert werden. Letzten Endes ist es nicht Aufgabe des Staates, die von den Eltern selbst gefährdete Liebesbindung an den abwesenden Elternteil entweder zu unterbrechen oder zu erhalten. Solche Aufgaben können nur von den Eltern selbst erfüllt werden.[30]

Anderseits reicht auch die Erfüllung der hier gestellten Bedingungen noch nicht für die Anwendung unserer Kontinuitätsrichtlinie aus. Sie verlangt, daß auch bei einer Überprüfung der bisherigen Regelung, Kinder nicht aufgrund vorläufiger Entscheidungen zwischen den streitenden Parteien hin- und hergeschoben werden.[31]

Kurzfristige Pflege- und andere Unterbringungen

In Fällen, wo die Pflege und Unterbringung nur für eine beschränkte Zeit geplant ist, verlangt die Anwendung unserer Richtlinie die Entwicklung von Verfahren, die auf die Erhaltung der Bindung an die abwesenden Eltern zielen. Pflegebeziehungen sollten deshalb im Gegensatz zur ständigen Unterbringung bestimmten Bedingungen unterliegen.[32]

Für die Pflegeeltern bedeutet dies allerdings nicht, sie müßten mit allen menschlichen Beziehungen zurückhalten.[33] Kinder dürfen auch nicht ihre Pflegestelle wechseln, um Bindungen an vorübergehende Pflegeeltern zu verhindern und die Rechte der natürlichen Eltern zu wahren.[34] Was wichtig bleibt, ist nur die Aufrechterhaltung des Unterschieds zwischen kurzfristiger und langfristiger Pflege, und hier ist der entscheidende Faktor das Fortbestehen oder Aufgeben der vorangegangenen Elternbeziehung. Wo letztere nicht mehr besteht, verliert die Pflegestelle oder sonstige Unterbringung ihren temporären Charakter. Die Pflegeeltern übernehmen mehr und mehr die Rolle von psychologischen Eltern des Kindes, und was als ein Pflegeverhältnis begonnen hat, wird, in Übereinstimmung mit unserer Kontinuitätsrichtlinie, eine »faktische« Adoption, die als solche Anerkennung verdient.

Die offizielle Unterscheidung zwischen Adoption und langfristiger Pflege hat gegenwärtig verschiedene Konsequenzen. So erhalten nur Pflegeeltern finanzielle Unterstützung;[35] Adoptiveltern sind von solcher Hilfe ausgeschlossen. Einer unserer Vorschläge geht dahin, auch finanzielle Zuwendungen für Adoptionen einzuführen und auf »faktische« Adoptionen auszudehnen.[36] Eine solche öffentliche Anerkennung kann sich als willkommenes Gegengewicht gegen langfristige Pflegestellen und Anstaltsunterbringung auswirken.

Entscheidungen über Unterbringung sollen sich nach dem kindlichen, nicht nach dem Zeitbegriff der Erwachsenen richten

Wir können nicht von Dauer oder Kontinuität sprechen, ohne den Zeitbegriff des Kindes in Betracht zu ziehen. Eine Trennung zwischen Eltern und Kind zum Beispiel, die für das Kleinkind lang genug ist, um seine Gefühlsbindung zu unterbrechen, ist für ein größeres Kind im Schulalter kurz und ohne besondere Bedeutung. Das Verhältnis des Kindes zur Zeit ändert sich je nach seinem Entwicklungsstand und bestimmt die Zeitspanne, während der vorhandene Beziehungen aufrechterhalten oder neue angeknüpft werden können.

Erwachsene sind fähig, zukünftige Geschehnisse vorauszusehen und können darum auf die Befriedigung ihrer Wünsche warten. Kinder leben im Gegensatz dazu ganz in der Gegenwart und messen den Zeitablauf nach der Dringlichkeit ihrer Triebregungen und Gefühlsansprüche. Kleinkinder lernen nur sehr allmählich zu verstehen, welche Handlungen der Eltern zu ihrer Bedürfnisbefriedigung führen oder daß verschwindende Personen auch wieder auftauchen, und erst die ständige Wiederholung solcher Erfahrungen führt zu der Fähigkeit, Aufschub zu ertragen und eine Vorstellung von Zukunft aufzubauen.

Weder das Gefühlsleben noch das Verständnis des Kleinkindes reichen aus, um Abwesenheit der Eltern für mehr als einige Tage erträglich zu machen. Das Kleinkind kann nicht für die Erfüllung seiner eigenen Bedürfnisse sorgen und ist wegen der Unreife seines Gedächtnisses nicht imstande, für längere Zeit an der Vorstellung der abwesenden Eltern festzuhalten. Für das noch nicht zweijährige Kind wird darum die neue Pflegeperson »rasch«* eine neue mögliche psychologische Elternperson. Aber so gut der Ersatz an und für sich auch sein mag, der vorangegangene Verlust hinterläßt nur zu oft seine Spuren im Gefühlsleben des Kindes.[37]

Was für das Kleinkind einige Tage sind, ist dann für die meisten Kinder unter dem Alter von fünf Jahren eine Abwesenheit der Eltern von zwei oder mehr Monaten oder für das jüngere Schulkind eine Abwesenheit von einem halben Jahr. Ältere Schulkinder, die mehr als ein Jahr von ihren Eltern getrennt sind, ohne ein Lebenszeichen von ihnen zu haben, reagieren schlecht, d. h. mit allen oben geschilderten Entwicklungsstörungen nach Unterbrechung einer Dauerbeziehung. Erst die Jugendlichen in fortschreitender Pubertät entwickeln dasselbe Verhältnis zur Zeit, das wir aus der Erwachsenheit kennen.

Der Zeitbegriff des Kindes hängt davon ab, welcher Teil der kindlichen Persönlichkeit die Zeit mißt, ob vom verständigen, der die Gesetze der Außenwelt anerkennt oder vom impulsiven, egozentrischen, für den nichts gilt außer der Suche nach Befriedigung und Lust. Für das Kleinkind gilt offenbar das letztere: es ist beherrscht von Impulsen, die keinen Aufschub ertragen, und lernt erst langsam, mit fortschreitender Reife zu warten und den Zusammenhang von Ursache und Folge zu verstehen. Die wirkliche Dauer einer Zeitspanne, wie wir sie objektiv mittels Uhr und Kalender messen, ist für das Kind bedeutungslos; es mißt den Zeitablauf subjektiv auf Grund von Versagungs- und Ungeduldsgefühlen. Es sind die letzteren, die entscheiden, ob die Wartezeit bis zur nächsten Mahlzeit, eine Abwesenheit der Mutter oder die

* Wir dürfen nicht vergessen, daß die Schnelligkeit des Übergangs nur dem erwachsenen Zeitsinn entspricht. Für das Kleinkind ist dieselbe Zeitspanne von beträchtlicher Länge.

Dauer eines Spitalaufenthalts dem Kind kurz oder lang, erträglich oder unerträglich vorkommen und infolgedessen harmlos oder schädlich sind.

Die Bedeutung der elterlichen Abwesenheiten ist also abhängig von ihrer Dauer, ihrer Häufigkeit und von dem Entwicklungsstand des Kindes, das sie betreffen. Je jünger das Kind, desto kürzer die Zeit, nach der eine Trennung als endgültiger Verlust erscheint und von Hilflosigkeit, Angst und Verzweiflung begleitet wird. Der Zeitsinn des Kindes und sein Bedürfnis nach dauerhaften Verhältnissen sind untrennbar miteinander verbunden und wichtig für die Entscheidung, ob, wann und mit welcher Dringlichkeit eine gesetzliche Einmischung in sein Schicksal nötig ist.

Schlußfolgerungen

Richter, die den Zeitbegriff des Kindes als Richtlinie akzeptieren, müssen ihre Entscheidungen möglichst beschleunigen, um entweder eine noch bestehende Eltern/Kind-Beziehung zu sichern oder die Anknüpfung neuer Ersatzbeziehungen zu ermöglichen. Keiner dieser Vorgänge darf so lange aufgehalten werden, daß das Kind in haltlose Unsicherheit gestürzt wird.

Gerichte, Fürsorgeinstitutionen und wer sonst mit der Unterbringung von Kindern zu tun hat, müssen lernen, schneller zu entscheiden. Verzögerungen sind nicht immer ein Zeichen von Gründlichkeit, Überlegung und Suche nach gerechter Lösung; ebenso oft liegt die Ursache einfach in Überbürdung mit einer Unzahl von Fällen oder den nicht ausreichenden Mitteln zu ihrer Bearbeitung. Was immer der Grund, hier ist es wichtig, jeden Aufschub von seiten seiner Wirkung auf das Kind anzusehen. Unserer Richtlinie gemäß soll bis zur Entscheidung nicht mehr Zeit verstreichen, als für eine stichhaltige Begründung nötig ist. Eine solche Entscheidung ist nicht unfehlbar, sondern nur das Beste, das in dem zur Verfügung stehenden Zeitraum geschehen kann, d. h. einem Zeitraum, der dem kindlichen Zeitbegriff entspricht. Jede streitige Unterbringung eines Kindes muß als Eilfall behandelt werden, wenn das Kind von schwer gutzumachendem psychischen Schaden bewahrt werden soll.

Bedauerlicherweise entsprechen Verfahren über die Unterbringung von Kindern nicht dieser Erwartung. Lange Perioden von Unsicherheit entstehen teils durch die Schuld übervorsichtiger und überarbeiteter Fürsorgeorganisationen; durch den Aufschub von Terminen überlasteter Gerichte; durch Verzögerung der Entscheidung nach Abschluß der Verhandlungen.[38] Dagegen pflegen sowohl die zuständigen Behörden und Organisationen als auch die Gerichte sehr schnell und endgültig zu entscheiden, wenn es sich um das *körperliche* Wohl eines Kindes oder eines Erwachsenen handelt, oder wenn die Sicherheit des Staates, das Eigentum oder das Recht auf freie Meinungsäußerung auf dem Spiel steht.[39] Wenn z. B. die Eltern eines lebensgefährlich kranken Kindes die Zustimmung für eine Bluttransfusion verweigern, zögern weder Krankenhaus noch Gericht, solchen Fällen den Vorrang zu geben. Richter sind schon nach Stunden bereit zu handeln, wenn nötig direkt neben dem Krankenbett.[40] Auch solche Entscheidungen schränken die elterliche Sorge ein und übertragen sie unter Umständen teilweise einem Dritten.

Unsere Forderung, alle Unterbringungen von Kindern als ähnlich dringlich anzusehen, kann sich aber auch auf andere Vorbilder stützen, wie das folgende Beispiel zeigt: Um das Recht eines Filmdirektors auf freie Meinungsäußerung zu sichern, fällte der U.S. Supreme Court die folgende Entscheidung: »Der Direktor muß sicher sein, daß der Zensor binnen kurzem entweder den Film mit Lizenz freigeben oder die Vorführung gerichtlich untersagen wird. Verfügungen, die vor der endgültigen Entscheidung getroffen werden, müssen in gleicher Weise bestrebt sein, einen bestimmten Zustand nur für die kürzest mögliche Zeit herbeizuführen, die für eine begründete gerichtliche Entscheidung nötig ist. . .«[41]

Auf das psychische Wohl eines Kindes bezogen, würde ein solcher Beschluß wie folgt lauten:

»Das Kind muß die Gewähr dafür haben, daß die Regelung seiner Unterbringung innerhalb der kürzest möglichen Frist erfolgen wird, d. h. daß die augenblickliche Unterbringung entweder unangetastet bleibt oder aufgrund gerichtlicher Entscheidung durch eine neue ersetzt wird. Jede vorläufige Lösung muß in gleicher Weise bestrebt sein, einen bestimmten Zustand nur für die kürzest mögliche Zeit herbeizuführen, die für eine begründete gerichtliche Entscheidung nötig ist.«

Wir erwarten also, daß in Übereinstimmung mit dem Zeitbegriff der Kinder, Fürsorgestellen und Gerichte Unterbringungen stets als Eilfälle behandeln und daß für solche Verfahren Priorität und schnelle Entscheidung sowohl in der ersten als auch in der Berufungsinstanz sichergestellt werden.

Adoption

Die Anwendung dieser Richtlinie auf Adoptionen weist auf die Notwendigkeit früher Entscheidungen hin. Wo immer möglich, sollte das zu adoptierende Kind den Adoptiveltern schon vor der Geburt zugesprochen werden. Schwangere Mütter, die planen, das Kind adoptieren zu lassen, sollten mit Hilfe der Fürsorgestelle schon vor ihrer Niederkunft endgültig beschließen, ob sie das Kind behalten oder aufgeben wollen. Jede Auswahl und Untersuchung zukünftiger Adoptiveltern sollte schon vor der möglichen Zuweisung eines bestimmten Kindes stattfinden. Wenn jemand warten muß, sollen es die Erwachsenen sein und nicht das Kind; für erstere kann die Wartezeit sogar ein positiver Faktor als Vorbereitung sein. Was abzuschaffen wäre, sind die langen Zeitspannen, die jetzt als notwendig angesehen werden, um die physische und psychische Intaktheit des Neugeborenen festzustellen. Adoptiveltern sollten bereit sein, das Adoptivkind zu akzeptieren, wann immer und wie immer es ihnen übergeben wird. Wie Littner[42] meinen wir: »Es mag stimmen, daß wir umso mehr wissen, je länger wir warten. Um volle Sicherheit über eine normale Entwicklung des Kindes zu haben, müßten wir aber mit seiner Adoption warten, bis es erwachsen ist. In der Mehrzahl der Fälle hätte das, was wir in der Wartezeit lernen, *nicht* zu einer andern Unterbringung des Kindes Anlaß gegeben. Wenn wir nicht bereit sind, Kinder bei Adoptiveltern so früh wie möglich unterzubringen, setzen wir die Mehrzahl offenbaren Gefahren aus, um eine Minderzahl vor möglichen Fehlunterbringungen zu schützen.«

Je älter das zu adoptierende Kind ist, desto langwieriger ist es außerdem eine Unterbringung zu finden, die ihm Dauerbeziehungen mit Erwachsenen und Geschwistern, geeignete Lebensumstände und Ausbildungsmöglichkeiten zusichert.

Auch gerichtliche Verfahren über Adoptionen müssen so schnell wie möglich abgewickelt werden. Die Rechtsmittelfrist sollte außerordentlich kurz bemessen sein, d. h. nicht länger als ein oder zwei Wochen, die endgültige Entscheidung schon wenige Tage nach dem Verfahren vor der Berufungsinstanz ergehen. Die Beschleunigung hilft nicht nur dem Kind, sondern liegt auch im

Interesse der prozessierenden Erwachsenen. Je länger ein Kind in der Zeit vor der endgültigen Entscheidung in der Obhut einer Pflegeperson bleibt, desto schlechter sind, wie sich aus unserer Kontinuitätsrichtlinie ergibt, auch die berechtigten Aussichten einer Gegenpartei, die elterliche Sorge zu erhalten.

Trennung und Scheidung

Unsere die Adoption betreffenden Forderungen bezüglich der Gerichtsverfahren beziehen sich ebenso auf Entscheidungen bei einer Trennung oder Scheidung der Eltern. Die Richtlinie zum kindlichen Zeitbegriff würde verlangen, daß alle Streitigkeiten über die Zuteilung der Kinder in besonderen und beschleunigten Verfahren geregelt werden, noch bevor über die Trennung oder Scheidung selbst entschieden wird. Rechtsmittel des Elternteils, dem die elterliche Sorge nicht übertragen wurde, müssen kurz nach dem ersten Verfahren eingelegt werden, und die Berufungsinstanz müßte innerhalb einiger Wochen entscheiden. Danach oder nach Ablauf der Rechtsmittelfrist müßten elterliche Sorge und Unterbringung der Kinder als endgültig geregelt gelten und nicht vom späteren Ausgang des Scheidungsprozesses selbst abhängen.[43]

Wir haben es vermieden, für die administrativen oder gerichtlichen Entscheidungen bei Adoptionen, Trennungen, Scheidungen, exakte Zeitspannen vorzusehen. Alles was wir vertreten, ist eine Überprüfung der bisherigen Verfahren, um dem besonderen Zeitbegriff des Kindes Rechnung zu tragen.[44]

Verlassen und Vernachlässigung von Kindern

Unsere Richtlinien sind nicht nur bei der Überpüfung des Verfahrensrechts, sondern auch bei der Beurteilung des materiellen Rechts heranzuziehen, wie das Beispiel verlassener oder vernachlässigter Kinder zeigt. Wann ein Kind als verlassen zu betrachten und z. B. aus diesem Grund eine Adoption in Betracht kommt, wird dem Gesetz zufolge vor allem durch den elterlichen Willen bestimmt, nicht durch die Dauer der elterlichen Abwesenheit.[45] In manchen Fällen zieht das Gericht auch in Betracht, ob und inwieweit die Fürsorgeorganisation bemüht war, die Beziehungen zwischen dem in Pflege befindlichen Kind und seinen abwesenden natürlichen Eltern »aufrecht zu erhalten und zu bekräftigen«.[46] Fehlt es an entsprechenden Bemühungen, so kann das Gericht dies zum Anlaß nehmen, um die Ansicht zu vertreten, es läge kein Verlassen vor, ohne Rücksicht darauf, wie lange keine psychologische Beziehungen zwischen Kind und Eltern bestanden haben.[47]

Soweit die Zeitdauer überhaupt in Betracht gezogen wird, ist zumindest ein Jahr Vernachlässigung für alle Altersstufen die notwendige Vorbedingung, um die Absicht der Eltern, das Kind zu verlassen, festzustellen.[48] Überdies ist »Verlassen« als ein Vorgang interpretiert worden, der rückgängig gemacht werden kann, wenn die abwesenden Eltern ausdrücklich erklären, ihre Absicht geändert zu haben.[49]

Die Anwendung unserer auf den kindlichen Zeitsinn aufgebauten Richtlinie würde zu einer weitgehenden Änderung dieser Auffassung führen und anstelle der elterlichen Absicht oder der Unterlassungen der Fürsorgeorganisation die Gefühle des verlassenen Kindes und seine Fähigkeit, Trennung zu ertragen, in den Mittelpunkt der Aufmerksamkeit rücken. Auch die jetzt gesetzlich festgelegte Frist von einem Jahr müßte einem Zeitraum weichen, der der Reife des Kindes zur Zeit der Trennung angemessen ist und die Erhaltung oder Zerstörung seiner Bindung an die abwesenden Eltern in Betracht zieht.

Welcher Zeitraum nötig ist und was im Kind vorzugehen hat, ehe sich eine neue Eltern/Kind-Beziehung herstellt, ist zu komplex und zu vielen individuellen Variationen unterworfen, um sich für gesetzlich festgelegte feste Formeln fassen zu lassen. Das Gesetz sollte ein Kind dann für verlassen erklären, wenn es sich durch Abwesenheit der Eltern verlassen, d. h. von ihnen unerwünscht fühlt; eine Adoption muß dann ebenso möglich sein wie eine faktische Adoption durch die Pflegeeltern. Die Gefühle von Hilflosigkeit und Verlassenheit befördern die Suche nach und Bindung an neue Erwachsene, die bereit sind, die psychologische Elternrolle zu übernehmen.[50]

Was nötig ist, ist ein Gesetz, das »Verlassen« vom Beweis abhängig macht, daß vom Standpunkt des Kindes die Dauer der Trennung die biologische oder Adoptionsbeziehung zu den Eltern daran hinderte, sich zu einer psychologischen Beziehung zu entwickeln; oder daß die sich entwickelnde Beziehung gestört und unterbrochen und das Kind im Begriff ist, eine neue notwendige Bindung mit anderen Erwachsenen zu knüpfen. Ein solches Gesetz müßte verlangen, daß das Alter des Kindes und die Dauer der Trennung in einem direkten Verhältnis zueinander stehen: je jünger das Kind, desto kürzer der Zeitraum, innerhalb dessen eine psychologische Bindung unterbrochen und eine neue Bindung hergestellt werden kann.* Gemäß unserer Richtlinie wären auf diese Weise die Begriffe »Verlassen« und »Vernachlässigung« von Kindern im Einklang mit dem kindlichen Zeitbegriff definiert.

Bei der Unterbringung von Kindern ist nicht zu vergessen, daß Gesetze außerstande sind, Gefühlsbeziehungen zu regeln und daß unser Wissen uns nicht befähigt, Voraussagen für die Zukunft zu machen

Es dürfte kaum nötig sein, zu betonen, wie oft bei der Unterbringung von Kindern die Macht des Gesetzes überschätzt wird, d. h. wie oft man der gerichtlichen Entscheidung eine magische Wirkung zuschreibt, die ihr nicht zukommt. Das Gericht mag so handeln, als ob es imstande wäre, menschliche Beziehungen herzustellen. In Wirklichkeit kann es nicht mehr tun als sie anzuerkennen, wo sie vorhanden sind, oder die Entwicklungsmöglichkeiten fördern, wo sie im Entstehen sind. Vom menschlichen Gefühlsleben aus gesehen, ist das Gesetz ein plumpes Instrument,[51] fähig menschliche Beziehungen zu zerstören, aber unfähig, ihre Herstellung zu erzwingen. Das Gesetz hat weder die Fähigkeit noch die Möglichkeit, in die täglichen Vorgänge zwischen Eltern und Kind ständig regelnd einzugreifen, aber gerade diese Vorgänge sind es, die über die Erfüllung oder Versagung der kindlichen Entwicklungsbedürfnisse entscheiden.[52] Es liegt auch außerhalb der gesetzlichen Möglichkeiten, zukünftige Ereignisse oder Bedürfnisse so vorauszusehen, daß sich eine langfristige Bestimmung besonderer Bedingungen für Erziehung, Besuchsrechte, Gesundheitsfürsorge oder religiöse Unterweisung rechtfertigen oder gar praktisch durchführen ließe. Wir teilen die Meinung von Richter Wachenfeld, die eine in der gesetzlichen und administrativen Regelung von Kinderunterbringungen oft vernachlässigte Warnung enthält:

* Eine Ausnahme dürfte nur für Situationen gelten, in denen ungewöhnliche Bemühungen unternommen werden, um die Beziehung zu abwesenden Eltern während einer zeitweisen Trennung aufrecht zu erhalten.

»Die Ungewißheit des Schicksals begleitet uns immer, und wir sind nicht imstande, seine unzähligen Variationen an feste Formen zu binden. Es entspricht der natürlichen Bestimmung, daß wir sie weder voraussehen noch lösen können.... Die Zukunft wird nicht deshalb leichter voraussehbar, weil ein Gericht sich darum bemüht, und unsere Entscheidungen, so sicher sie klingen, unterliegen bedauerlicherweise den Schwächen aller menschlichen Urteile.«[53]

Private Beziehungen zwischen Menschen verlangen nach privater Regelung, ein Standpunkt, den das Gesetz im ganzen anerkennt und auch anerkennen soll.[54]

Nichtsdestoweniger mischt sich das Gesetz häufig genug ein. Wo dies geschieht, ist es wichtig für den Richter, im Auge zu behalten, was jenseits der Macht des Gesetzes liegt und was der Wert der Voraussagen für die Zukunft ist, auf die sein Urteil sich gründen kann.

Schließlich ist jede Zuteilung eines Kindes – auch diejenige, die auf der Geburt beruht – auf Annahmen und Voraussagen über das Kind und die als Eltern bestimmten Erwachsenen gegründet. Unsere Richtlinien über das kindliche Bedürfnis nach Kontinuität und den kindlichen Zeitbegriff zeigen, daß es allgemein anwendbare, nützliche Voraussagen gibt, auf die Entscheidungen über Unterbringung sich stützen können. Zum Beispiel, wo mehrere Erwachsene zum Entscheidungszeitpunkt für die Elternrolle zur Verfügung stehen, ist es möglich festzustellen, wer die beste Aussicht für eine psychologische Bindung mit dem Kind hat, so daß es sich erwünscht und geschätzt fühlen kann. Wo einer der Erwachsenen eine solche Bindung mit dem Kind bereits gehabt hat oder noch hat, ist er für diese Rolle zweifellos geeigneter als ein anderer Erwachsener mit denselben Qualifikationen, aber ohne vorherige Gefühlsbeziehung mit dem Kind. Wir können mit derselben Sicherheit voraussagen, daß Kinder umso gefährdeter sind, je jünger sie sind und je länger Trennung und Unentschiedenheit über ihr Schicksal andauern, d. h. daß es in solchen Fällen umso dringender ist, eine dauernde Unterbringung zu finden, auch wenn es nicht möglich ist, alle Zweifel über die Güte der Lösung zu beseitigen.

Mehr als das können wir nicht voraussagen.[55] Auch unser psychoanalytisches Wissen befähigt uns nicht, in die Zukunft zu blikken und zu ahnen, welche Erlebnisse, Erfahrungen, Schicksalsschläge etc. dem Kind selbst oder seiner erwachsenen Umwelt bevorstehen.[56] Wir wissen ebensowenig, welchem Einfluß die sich entwickelnden Wechselbeziehungen zwischen Kind und Familie letzten Endes auf seine Persönlichkeit und Charakterbildung haben werden. Ein Gericht, das trotz allem versucht, die Zukunft vorauszusehen und die Übertragung der elterlichen Sorge an spezielle Bedingungen zu knüpfen, handelt also nicht im Interesse des Kindes, sondern steigert nur die Unsicherheit seiner Lage. Wo solche Bedingungen nicht erfüllt werden oder nicht erfüllt werden können, kann die elterliche Sorge in Frage gestellt und das Kind neuen Trennungen und Umwälzungen seiner Lebensumstände ausgesetzt werden. Unserer Meinung nach fährt das Kind besser, wenn das Gericht weniger ehrgeizig in seinen Zielsetzungen ist, sich darauf beschränkt, Schaden zu vermeiden und seine Urteile auf einige wenige bescheidene, aber allgemein anwendbare, kurzfristige Voraussagen zu stützen bereit ist.

IV.

Über die am wenigsten schädliche Alternative

Bei der Unterbringung sollte von den vorhandenen Möglichkeiten diejenige gewählt werden, die Wachstum und Entwicklung des Kindes am wenigsten beeinträchtigt.

Als allgemeine Richtlinie für die Kindesunterbringung schlagen wir vor, statt vom »Wohle des Kindes« von der »am wenigsten schädliche Alternative zum Schutz von Wachstum und Entwicklung des Kindes« zu sprechen. Dieser neue Maßstab umfaßt inhaltlich die drei Richtlinien, die wir bereits dargestellt haben. Die am wenigsten schädliche Alternative ist danach die Unterbringung und die Verfahrensweise, die – unter Berücksichtigung des kindlichen Zeitgefühls und auf der eingeschränkten Grundlage kurzfristiger Prognosen – die Chance des Kindes erhöhen, erwünscht zu sein, und die es ermöglichen, daß das Kind eine dauerhafte Beziehung mit wenigstens einem Erwachsenen eingeht, der seine psychologische Elternperson ist oder werden wird.

Obwohl wir den vorgeblichen Zweck der »Zum Wohle des Kindes« -Formel zustimmen, sprechen mehrere Gründe für die Einführung eines neuen Maßstabs. Erstens, im Gegensatz zu dem Ausdruck »am wenigsten schädliche Alternative« weist die herkömmliche Formel nicht darauf hin, daß das betreffende Kind bereits ein Opfer seiner sozialen Umweltbedingungen geworden ist, daß es in hohem Maße gefährdet ist, und daß schnelles Handeln geboten erscheint, damit weiterer Schaden von der gesunden psychischen Entwicklung des Kindes abgewendet werden kann. Zweitens, die alte Richtlinie beinhaltet infolge ihrer Anwendung und Auslegung durch Fürsorgebehörden, Gerichte und Gesetzgeber mittlerweise weniger, als was tatsächlich dem Wohle des Kindes dient. Die Interessen des Kindes werden oft genug mit den Interessen und Rechten Erwachsener abgewogen und letzteren meistens untergeordnet. Darüber hinaus werden viele Entscheidungen »einzig und allein« zum Wohle des unterzubringenden Kindes getroffen. Aber diese Entscheidungen sind in erster Linie darauf zugeschnitten, den Wünschen und Bedürfnissen erwachsener Antragsteller, die miteinander im Rechtsstreit liegen, zu entsprechen oder die allgemeine Politik eines Jugend- oder Sozialamts abzusichern.[57] Aber selbst wenn die Rechte des Kindes tatsächlich ausschlaggebend wären und eindeutig über den Interessen Erwachsener[58] ständen, so würde die alte Richtlinie inadäquat bleiben.

Die Spannung zwischen der eigentlichen Bedeutung der »Zum Wohl des Kindes«-Formel und ihrer Interpretation durch Gesetzgeber und Gerichte wird an einem Fall deutlich, in dem es um einen Jungen namens W. ging.[59] Dieser Fall zeigt die meisten der Probleme auf, mit denen wir uns in diesem Buch befassen. Hierzu zählen die Risiken beim Abwägen der Interessen von Erwachsenen mit denen von Kindern, die Gefährdungen bei zerbrochenen Beziehungen und die Gefahr, die Bedürfnisse des Kindes aus den Augen zu verlieren, wenn sich Erwachsene um ihre Rechte streiten. Dieser Fall weist auch auf die Belastung des Kindes durch die allgemein üblichen Verzögerungen hin, die bezeichnend für die am Erwachsenen orientierten Entscheidungen der verschiedenen gerichtlichen Instanzen sind. Ferner erweist sich, wie unzulänglich die psychologischen Kenntnisse der Richter und des Gesetzgebers sind, und mit welcher Unsicherheit die Gerichte an die Lösung der Unterbringungsfälle gehen. Der Ausgang des Falles offenbart die Fähigkeit der Gerichte, Auslegungen zu finden, die eine Übergangsphase überbrücken können. Aber der qualvolle Weg, auf dem das Gericht zu der »richtigen« Entscheidung gelangte, unterstreicht die Notwendigkeit, den in der neuen Richtlinie enthaltenen Grundgedanken Anerkennung zu verschaffen.

Der Fall reicht in das Jahr 1968 zurück, als eine werdende Mutter mit der zuständigen Behörde Vorkehrungen über die Adoption ihres Kindes gleich nach der Geburt traf. Der Knabe W. wurde daraufhin im März 1968 bei »zeitweiligen« Pflegeeltern untergebracht. Im September des gleichen Jahres äußerten die Pflegeeltern den Wunsch, W. zu adoptieren. Anfang 1969 wurde von der örtlichen Behörde das Adoptionsverfahren eingeleitet; für April wurde eine Anhörung vorgesehen. Unterdessen widerrief die biologische Mutter im März ihre Einwilligung; sie tat dies in Übereinstimmung mit dem Adoptionsgesetz, wonach der Widerruf der erforderlichen Einwilligung bis zum endgültigen Adoptionsbeschluß jederzeit möglich ist. Einen Verzicht auf die Einwilligung sieht das Gesetz für den Fall vor, wenn es nach der Überzeugung des Gerichts feststeht, daß die gesetzlichen Vertreter – in der Regel die biologischen Eltern – (a) das Kind verlassen, vernachlässigt oder mißhandelt haben oder (b) die Zustimmung zur Adoption aus *unvernünftigen Gründen* verweigern.

Alle drei Gerichte, die sich mit diesem Fall zu befassen hatten, beteuerten ihre Entschlossenheit, an dem Adoptionsgesetz festzuhalten, das bei einer Unterbringung im Wege der Adoption in erster Linie auf die Einwilligung der biologischen Eltern abstellt und erst zweitrangig die Interessen des Kindes berücksichtigt. Bei der ersten Anhörung im Verfahren vor der ersten Instanz im Juli 1969 rückte der Richter die Frage in den Mittelpunkt, ob die biologische Mutter ihre Zustimmung aus »Unvernunft« verweigert hat, weil sie das Wohlergehen des Kindes nicht berücksichtigte. Trotz der gesetzlichen Nachrangigkeit der wohlverstandenen Interessen des Kindes, änderte er den Geist des Gesetzes, ohne den Wortlaut zu ändern, und stellte andere Prioritäten auf, die dem kindlichen Bedürfnis nach dauerhaften Zuständen entsprechen:

> Würde man ein Kind aus dem einzigen Zuhause, das es kennt, entfernen und es der Sorge eines Fremden unterstellen, würde man nach meiner Ansicht unweigerlich das Gefühlsleben des Kindes stören, unzählige Tränen und Leid würden hervorgerufen und darüber hinaus wären psychische Störungen nicht auszuschließen. Mir liegt kein medizinischer Beweis vor, aber mir scheint, daß man das Wohlergehen des Kindes in Betracht ziehen muß. Wenn man den Sachverhalt leidenschaftslos betrachten und sagen sollte, was eine vernünftige Mutter unter diesen Umständen zu tun hätte – entweder die Einwilligung geben oder verweigern – vertrete ich den Standpunkt, gestützt auf die Erfahrung aus anderen Fällen, ... daß eine vernünftige Mutter im Hinblick auf all die Umstände des Falles einwilligen sollte. Ich meine also, daß sie ihre Zustimmung unvernünftigerweise vorenthält. Daher ordne ich an, daß auf ihre Einwilligung zu verzichten ist.[60]

Im Mai 1970 wurde der Adoptionsbeschluß von den Berufungsrichtern einstimmig aufgehoben.

Lord Justice Russell schrieb:

> Ich kann nicht umhin, anzunehmen, daß die Entscheidung des erstinstanzlichen Richters ausschließlich darauf gestützt war, was er für das Wohl des Kindes erachtete, wobei er seinen eigenen Hinweis unberücksichtigt ließ, daß hier das Wohl des Kindes nicht allein maßgebend ist.[61]

Lord Justice Cross sagte:

Die Aufgabe eines Richters in Vormundschaftssachen ist zweifellos durch die Fortentwicklung des medizinischen Denkens innerhalb der letzten 20 Jahre sehr erschwert worden. Vor dem Krieg wurde gemeinhin angenommen, daß ein Kind, selbst wenn man es für einige Zeit unglücklich machen würde, im Ergebnis doch keine dauernden Schäden davonträgt, wenn es – auch nach längerem Aufenthalt – von seiner Pflegefamilie oder zukünftigen Adoptiveltern seinen biologischen Eltern zurückgegeben wird, falls beide gleichermaßen in der Lage wären, sich um das Kind zu kümmern. Aber heute sind sich die Fachleute darin einig, daß dem Kind, das im Alter zwischen 6 Monaten und 2 1/2 Jahren aus der Obhut einer Frau entfernt und zu einer anderen Person gegeben wird, die Gefahr einer andauernden psychischen Störung droht. Obgleich das Problem ohne Zweifel durch diese Entwicklung der Medizin in einem gewissen Grade komplizierter geworden ist, glaube ich nicht, daß der vorliegende Fall hiervon berührt wird.

Nachdem der Richter den Willen der biologischen Mutter und nicht W's Verlassenheitsgefühl oder den Abbruch seiner Beziehung zu den psychologischen Eltern zum entscheidenden Kriterium erhoben hatte, fügte er hinzu:

Ich glaube nicht, daß eine Mutter, die den Wunsch aufrechterhielt, ihren Status als Mutter zu wahren, angesichts des gegebenen Sachverhalts als unvernünftig handelnd i. S. von § 5 des Adoptionsgesetzes angesehen werden kann.[62]

Lord Justice Sachs, der das Adoptionsgesetz am engsten und direktesten auslegt, stellte fest:

Die Ansicht, Streitigkeiten zwischen biologischen Eltern und zukünftigen Adoptiveltern auf der Grundlage zu lösen, daß normalerweise das Wohl des Kindes das richtige Kriterium darstellt, ist schlichtweg falsch. Diese Ansicht ignoriert die Notwendigkeit, zunächst ein schuldhaftes Verhalten der Eltern feststellen zu müssen. Von diesem im Gesetz vorgezeichneten Wege abzuweichen, würde weitreichende und schwerwiegende Konsequenzen nach sich ziehen, z. B. für die Eltern, die nicht willens sind, ihre Elternschaft aufzugeben. Es steht dem Gesetzgeber selbstverständlich frei, unter Berücksichtigung jener Folgen eine Neuregelung zu treffen. Den Gerichten steht es aber nicht frei, durch eine »Wohlfahrts«-Auslegung des Gesetzeswortlauts »unvernünftige Verweigerung der Zustimmung«, eine Umwandlung zu bewirken, die dem Willen des Gesetzgebers widerspricht.[63]

Eine solche Umwandlung, vor der die Berufungsrichter zurückschreckten, wurde jedoch im April 1971 herbeigeführt, als das House of Lords (Revisionsinstanz) den ursprünglichen Adoptionsbeschluß bestätigte. Lord Hailsham entledigte sich der Streitfrage mit apodiktischer Selbstverständlichkeit, aber die Vieldeutigkeit und Ambivalenz der Interpretation sind geblieben:

Gegenstand der Untersuchung ist nichts anderes als die Vernünftigkeit. Es ist nicht Schuld, nicht Gleichgültigkeit, und es ist auch nicht das Unvermögen, die elterlichen Pflichten zu erfüllen. Prüfungsgegenstand ist allein die Vernünftigkeit, und zwar im Zusammenhang mit allen Umständen des Falles. Obgleich das Wohlergehen *per se* nicht zu untersuchen ist, so muß dennoch bei der Frage der Vernünftigkeit die erhebliche Tatsache mitbedacht werden, daß vernünftige Eltern auf das Wohlergehen ihres Kindes Rücksicht nehmen. Diese Tatsache ist in allen Fällen bedeutsam, wenn und in dem Maße, wie vernünftige Eltern hierauf achten. Das Wohlergehen des Kindes ist in den Fällen entscheidend, in denen vernünftige Eltern es berücksichtigen müssen .....

Dies bedeutet, daß ein Richter, der im Rahmen eines Adoptionsfalles prüft, ob unvernünftiges Handeln vorliegt oder nicht, das Recht haben muß, unter Zugrundelegung aller Umstände eigene Schlußfolgerungen zu ziehen, und dies bedeutet weiter, daß ein Berufungsgericht die Entscheidung des Vorrichters nur dort beanstanden sollte, wo es einen Rechtsfehler sieht, oder wo ohne genügende Beweiserhebung geurteilt wurde, oder wo das Berufungsgericht meint, die Beweiswürdigung sei falsch vorgenommen worden, bzw. wo den Zeugenaussagen im ersten Prozeß so wenig Platz eingeräumt wurde, daß das Berufungsgericht sich ebenso wie das erstinstanzliche Gericht eine Meinung bilden kann ....

Aus dem Umstand, daß das Merkmal »Vernünftigkeit« zu untersuchen ist, folgt nicht, daß ein Gericht ohne weiteres seine Ansicht an die Stelle der elterlichen setzen darf. Ich meine, ein Gericht sollte sich sehr vor diesem Irrtum hüten. Zwei vernünftige Eltern können bei gleichem Sachverhalt zu ganz verschiedenen Ergebnissen kommen, ohne dabei den Anspruch zu verwirken, als vernünftig bezeichnet zu werden. Die Frage lautet in jedem Einzelfall, ob ein elterliches Veto innerhalb der Bandbreite möglicher vernünftiger Entscheidungen liegt, und die Frage lautet nicht, ob das Veto falsch oder richtig ist. Nicht jede fehlerhafte Beurteilung ist zugleich unvernünftig. Es gibt eine Skala von Entscheidungen, bei denen das Gericht nicht versuchen sollte, die Meinung eines anderen durch die eigene zu ersetzen. . . . .

Es ist naheliegend, daß man – wenn kein medizinischer Beweis vorliegt – äußerst behutsam mit der Annahme umgehen muß, daß einem Kind Gefahr droht, wenn es aus einer stabilen und glücklichen Familie herausgerissen und in die Ungewißheiten einer neuen Familie hineingeworfen wird. Nach meiner Überzeugung war der erstinstanzliche Richter sehr wohl berechtigt, zu der Schlußfolgerung zu kommen, die er gezogen hat.[64]

Nach alldem könnten wir die schließlich getroffene Entscheidung, W's Unterbringung nicht zu verändern, als die am wenigsten schädliche Alternative bezeichnen. Das Verfahren entsprach unserer Richtlinie in zweierlei Hinsicht.

Die Zustimmung zur Adoption wurde – im Einklang mit der Kontinuitätsrichtlinie und dem Zeitsinn des Kindes – von der örtlichen Behörde schon vor W's Geburt eingeholt. Außerdem wurde W's Beziehung zu seinen »Pflege-Adoptiv«-Eltern während des Rechtsmittelverfahrens, entsprechend der Kontinuitätsrichtlinie, nicht unterbrochen. Im Gegensatz zu vielen ähnlichen Fällen in den Vereinigten Staaten wurde W im Anschluß an die zwischenzeitlich ergangene Apellationsentscheidung nicht seiner leiblichen Mutter zugesprochen, nur um einige Monate später, aufgrund der Entscheidung des House of Lords, wieder den Adoptiveltern zurückgegeben zu werden.

Aber der Ausgang und die positiven Merkmale dieses Unterbringungsverfahrens sollten die Nachteile des gegenwärtigen Systems nicht verwischen. Wäre die hier vorgeschlagene generelle Richtlinie angewandt worden, hätte die zweieinhalbjährige Ungewißheit, die über der sich entwickelnden Beziehung zwischen W und seinen Adoptiveltern lastete, vermieden werden können. Ein neues Adoptionsgesetz, das die Hauptmerkmale unserer Richtlinie, nämlich Kontinuität und Beachtung des kindlichen

Zeitsinns, übernommen hat, würde keinen Widerruf der Einwilligung zur Adoption zulassen, wenn sich - wie im Falle W's – bereits eine Beziehung zu einem anderen Erwachsenen entwickelt hatte. Ein solches Gesetz würde eine endgültige, andauernde Unterbringung W's angeordnet haben, sobald die erforderliche Zustimmung gegeben war oder sobald wie möglich danach.[65] Eine vorübergehende Unterbringung wäre nur dann erlaubt gewesen, wenn sie zu jenem Zeitpunkt die am wenigsten schädliche Alternative gewesen wäre.

Unsere Betonung der entscheidenden Rolle, die den psychologischen Eltern zukommt, hätte W den Status eines erwünschten und gewollten Kindes verliehen.

Der erstinstanzliche Richter hätte – statt einen Umweg einschlagen zu müssen – die Klage der leiblichen Mutter abgewiesen. Er hätte geltend gemacht, daß das Gesetz hier – im Einklang mit dem Bedürfnis des Kindes nach Kontinuität – davon ausgeht, daß die gegenwärtige, schon länger bestehende Pflegschaft nicht unterbrochen werden sollte.

Das Gericht würde die Beweislast zur Widerlegung der gesetzlichen Vermutung offen und ehrlich dem erwachsenen Kläger auferlegen, der eine bestehende Beziehung in Frage stellt. Wollte man anders verfahren, würden die Nachteile für das Kind eher vergrößert als verkleinert.

Nach dem neuen Gesetz würde jede Kindesunterbringung als Dringlichkeitsfall behandelt, der innerhalb von Tagen und nicht innerhalb von Jahren abschließend zu regeln ist.[66] Um die Bedürfnisse des Kindes ebenso wie das Recht aller erwachsener Antragsteller auf eine faire Anhörung zu schützen, und um die Pein unerfüllter Hoffnungen zu lindern, hätte W's Unterbringung von allen Beteiligten als dringlicher Notfall behandelt werden müssen. Ansonsten würde die Rechtsmittelinstanz dem Erwachsenen nur ein ausgehöhltes Recht bieten und, was bedeutsamer ist, die Risiken für das Kind erhöhen. Zusammenfassend läßt sich an W's Fall ablesen, welche Bedeutung einer veränderten allgemeinen Richtlinie bei der Kindesunterbringung zukommt, einer veränderten Richtlinie, die von dem Ziel, Gutes zu tun, hinwegführt und das bescheidenere Ziel anstrebt, Schädigungen gering zu halten. Gleichgültig, ob das Problem im Zusammenhang mit Scheidung, Trennung, Adoption, Vernachlässigung, Pflegschaft oder Jugendkriminalität entsteht,[67] die übergreifende Entscheidungsrichtlinie, die wir vorschlagen, besteht darin, »die Unterbringungsform zu wählen, die unter vorhandenen Alternativen den geringsten Schaden für das Kind bedeutet.« Das »Wohl« eines Kindes, dessen Unterbringung in einem Rechtsstreit geregelt wird, ist bereits verletzt worden, sei es durch den Verlust seiner Eltern; durch deren abweisende Haltung, Unfähigkeit und Vernachlässigung; oder durch die Auflösung der Familienbande aus anderen Gründen. Es steht nicht in der Macht von Gerichten, die in der Entwicklung des Kindes hervorgerufenen Schäden rückgängig zu machen.

Die Verwendung des Begriffs »schädlich« statt »Kindeswohl« soll Gesetzgeber, Gerichte und Jugendbehörden die Nachteile erkennen lassen, die jeder Kindesunterbringung und jeder Entscheidung hierüber anhaften, damit sie bessere Antworten darauf finden können. Der genannte Begriff soll diejenigen, die Entscheidungen treffen, daran erinnern, daß es ihre Aufgabe ist, soviel wie möglich in einer unbefriedigenden Situation zu retten. Sie sollen sich nicht in der Hoffnung und Magie des Wortes »Kindeswohl« verstricken, was allzuoft zu dem Trugschluß führt, sie würden eher »Gutes« als »Böses« tun.

Der Hinweis auf die »vorhandenen Alternativen« soll den Betroffenen ins Bewußtsein rücken, welch enge Grenzen einer gültigen Prognose gesteckt sind, und wie eingeschränkt im allgemeinen die zur Verfügung stehenden Hilfsmöglichkeiten sind. Wenn zwei psychologische Elternteile – wie es oft bei Scheidungs- und Trennungsverfahren vorkommt – zur Auswahl stehen, und wenn beide gleichermaßen in der Lage sind, auf die vorhersehbaren Entwicklungsbedürfnisse des Kindes einzugehen, dann würde die von uns vorgeschlagene Anknüpfung an die am wenigsten schädliche Lösung eine schnelle und endgültige Entscheidung zugunsten eines der beiden prozessierenden Elternteile gebieten.[68]

Der vorgeschlagene Maßstab ist nicht so ehrfurchtgebietend und hochtrabend, dafür aber realistischer und somit einer umfassenden Sachverhaltserhellung eher dienlich als die Formel »Kindeswohl«. Das Abwägen von Vor- und Nachteilen der tatsächlichen Möglichkeiten soll erleichtert werden. Jedoch kann auch dieser Maßstab in die Gefahr kommen, nur noch heruntergebetet zu werden. Aber eine Neuformulierung bietet dem Gesetzgeber, den Gerichten und Behörden zumindest die Gelegenheit, ihre Aufgaben nochmals zu überdenken, um dadurch jene nicht ins

Auge springenden Faktoren zu erkennen, die zu Entscheidungen geführt haben, die im Grunde »den wohlverstandenen Interessen des Kindes« zuwiderliefen.

V.

Über die Parteifähigkeit und das Recht auf anwaltliche Vertretung

Kinder sollen in Unterbringungsstreitigkeiten volle Parteifähigkeit erlangen und das Recht auf anwaltliche Vertretung haben

Gleichgültig nach welcher Richtlinie ein Gericht entscheidet, es kann erst dann »volle Gerechtigkeit« üben, wenn das Kind als notwendige, ja unverzichtbare Prozeßpartei anerkannt wird.[69] Partei in diesem Sinn ist jeder, der ein unmittelbares persönliches Interesse an der Entscheidung hat und dessen Rechte nachteilig berührt werden können. Trotz des offenkundigen Interesses eines jeden Kindes an seiner Unterbringung haben Gerichte und Gesetzgeber dem Kind weder den Status einer Partei noch das Recht auf anwaltliche Vertretung zuerkannt; eine Ausnahme bildet nur das Jugendgerichtsverfahren.[70]

Das Gesetz geht davon aus, daß im allgemeinen die Eltern am besten geeignet sind, die Interessen ihrer Kinder zu vertreten und zu schützen. Selbstverständlich stimmen die Bedürfnisse der einzelnen Familienmitglieder nicht automatisch überein. Schritte, die dem einen nützen, sind oftmals nicht im Interesse des anderen. Familien unterscheiden sich danach, ob die Belange des Vaters oder die der Mutter Vorrang haben. Solange jedoch eine Familie von Gefühlen der Zuneigung und durch gegenseitige Abhängigkeit zusammengehalten wird, solange wird jede getroffene Übereinkunft alle Mitglieder, wenigstens zum Teil, berücksichtigen.[71]

Diese gesetzliche Vermutung sollte nicht mehr gelten, wenn die Unterbringung des Kindes zwischen den Eltern zum Streitpunkt wird, den sie ohne Anrufung des Gerichts nicht lösen können, wie z. B. in Scheidungs- oder Trennungsverfahren.[72] Die Vermutung zugunsten der Eltern sollte auch dann keinen Bestand mehr haben, wenn der Staat ihre Fähigkeit anzweifelt, die Elternrolle weiterhin zu erfüllen. Auch sollte nicht unterstellt werden, wie es z. Zt. noch geschieht, daß der Staat die Interessen des Kindes vertritt. Politik und Praxis staatlicher Instanzen könnten mit dem

Kindesinteresse in Konflikt geraten. Des weiteren sollte nicht, wie es geschieht, davon ausgegangen werden, daß das Kind von allen oder einigen der Erwachsenen vertreten wird, die an dem Streit zwischen den Adoptions-, Pflege- oder biologischen Eltern beteiligt sind oder die gegen eine Jugendwohlfahrtsbehörde klagen. Selbst Fürsorgebehörden, denen die Verantwortung für den Schutz des Kindeswohls übertragen ist, stehen in einem Interessenkonflikt, der aus der Notwendigkeit herrührt, einerseits eine bestimmte Behördenpolitik zu verfolgen und andererseits den Bedürfnissen des Kindes, das untergebracht werden soll, gerecht zu werden. In keinem der genannten Verfahren hätte irgendjemand bei der Vertretung des Kindes ein konfliktfreies Interesse.

Für eine verständige Anwendung unserer Richtlinien bei der Kindesunterbringung kommt es nicht allein auf den Status des Kindes als einer Person mit eigenen Rechten an, sondern entscheidend sind auch geeignete Vorkehrungen für seine persönliche Vertretung durch einen Anwalt, die kein anderes Ziel hat, als die Maßnahme zu bestimmen, die für seinen Klienten den geringsten Schaden bedeutet.[73]

In Gerichtsverfahren und in Verfahren vor Verwaltungsbehörden muß der Rechtsbeistand die Interessen des Kindes, einschließlich dem Bedürfnis nach schneller und endgültiger Entscheidung, unabhängig vertreten können.

Wenn wir die Bedeutung von Parteifähigkeit und Vertretung besonders hervorheben, so wollen wir damit nicht ein anderes, schwer zu lösendes Problem verdecken. Dieses Problem ist die Abneigung, mit der Richter und andere mit der Anwendung des Gesetzes betreute Personen psychoanalytischen Erkenntnissen über die Kindesentwicklung gegenüberstehen, Erkenntnissen, die ihren »Gesunden Menschenverstands«-Begriffen von der Sache, die sie zu entscheiden haben, nicht entsprechen, oder die ihre liebgewordenen Vorstellungen von dem, was »richtig« oder »anständig« oder »moralisch« ist, bedrohen. Aber die Parteifähigkeit und das Recht auf Vertretung ermöglichen es, diesen Widerstand gegen neue Erkenntnisse bloßzustellen und dessen Auswirkungen langfristig dadurch einzudämmen, daß in das Berufungsverfahren ein weiterer potentieller Beschwerdeführer einbezogen wird.

Zusammenfassend läßt sich sagen, daß Kinder sehr häufig in direktem Konflikt mit Erwachsenen stehen, obgleich sie deren Sorgen nicht teilen: Die Bedürfnisse des Kindes können durchaus den Bedürfnissen der biologischen Eltern, der Pflegeeltern oder der Sozialbehörden zuwiderlaufen. Wenn also um das Sorgerecht gestritten wird, können die Rechte des Kindes nicht ausreichend von einem der Anwälte der Kläger oder Beklagten vertreten werden. Die betreffenden Kinder benötigen den Status einer Partei vor allen Gerichten und Verwaltungsbehörden, die über ihr Schicksal entscheiden, insbesondere müssen sie das Recht haben, unabhängig von Erwachsenen, als Personen mit eigenen Rechten vertreten zu werden.

Der Anwalt muß natürlich über gute Kenntnisse der Kinderpsychologie verfügen, damit er einschätzen kann, welche Informationen er über das von ihm vertretene Kind benötigt. Unsere Richtlinien sollen ihm diese Aufgabe erleichtern.

DRITTER TEIL

Die Anwendung der Richtlinien

VI.

Die Rothman-Entscheidungen

Wir geben nachstehend in vollem Umfang die Entscheidung wieder, die Richter Nadel vom New Yorker Supreme Court in dem Verfahren zur Unterbringung von Stacey, eines achtjährigen Pflegekindes, getroffen hat. Daran anschließend werden wir seine Entscheidung unter Anwendung unserer allgemeinen Richtlinien neu abfassen.

Erste Entscheidung

Rothman gegen Jewish Child Care Association (Jüdische Kinderschutz-Vereinigung)
Supreme Court New York County
166 N. Y. Law Journal, Seite 17, Spalte 1
(vom 5. November 1971)
Richter Nadel:

In diesem Verfahren stellte die natürliche Mutter den Antrag auf Herausgabe ihrer achtjährigen Tochter Stacey. Als sich die Klägerin im Dezember 1964 freiwillig einer stationären psychiatrischen Behandlung unterzog, gab sie ihre Tochter bei der Beklagten vorübergehend in Pflege. Die Klägerin konnte das Krankenhaus nach einiger Zeit verlassen, wurde aber später nochmals aufgenommen. Im Dezember 1969 wurde sie erneut entlassen und war seither nicht mehr im Krankenhaus. Sie lebt jetzt bei ihren Eltern und verdient als Sekretärin 140 Dollar in der Woche.

Die Klägerin hat das Kind niemals zur Adoption freigegeben. Die Beklagte, die Jewish Child Care Association, ist dagegen, daß die natürliche Mutter das Sorgerecht erhält und trägt vor, daß die Mutter aufgrund ihrer schweren psychischen Erkrankungen nicht für das Kind sorgen kann. Die Beklagte vermochte jedoch in der Hauptverhandlung ihre Behauptungen nicht zu beweisen, und somit konnte das Gericht nicht davon ausgehen, daß die Mutter unfähig ist, das Sorgerecht für Stacey auszuüben. Die Beklagte müßte beweisen, daß die Klägerin nicht für ihre Tochter sorgen kann, und daß deshalb eine Trennung von der Mutter im wohlverstandenen Interesse des Kindes läge. Das Berufungsgericht hat entschieden, daß einer Mutter das Sorgerecht nur in den Fällen aberkannt werden kann, in denen das Kind verlassen wurde, in denen ein gesetzlicher Verzicht auf das Kind angeordnet ist oder in denen die Unfähigkeit der Mutter festgestellt wurde (*Spence-Chapin Adoption Service v. Polk, N. Y. L. J.,* Sept. 27, 1971, Seite 1, Spalte 1). Die Beklagten haben dargetan, daß die Mutter-Kind-Beziehung nicht so gut ist, wie es wünschenswert wäre. Daß es dazu gekommen ist, liegt in erster Linie an der Jewish Child Care Association. Der außergerichtliche Beschluß dieser Organisation, das Kind nicht zurückzugeben, sowie die Behinderung von Besuchen und die Versagung von Hilfe zur Förderung einer Eltern-Kind-Beziehung, waren weitestgehend für diesen Zustand verantwortlich. In der Verhandlung vor dem Familiengericht wurde bereits festgestellt, daß die beklagte Association keine ernsthaften Anstrengungen unternommen hat, um die Beziehung zwischen Stacey und ihrer Mutter zu entwickeln. Die Klägerin war zur Klageerhebung gezwungen, damit sie das Besuchs- und Sorgerecht für ihr Kind, das ihr von der Association vorenthalten wurde, erlangte.

Zum einen sind die Beklagten ihrer Beweispflicht nicht nachgekommen, und zum anderen belegen die vorliegenden Beweise, daß die Klägerin fähig und geeignet ist, das Sorgerecht für ihr Kind auszuüben. Es lag in Staceys wohlverstandenem Interesse, als ihre Mutter sie für die Dauer des Krankenhausaufenthalts vorübergehend in Pflege gab, da sie nicht selbst für ihr Kind sorgen konnte.

In den nahezu zwei Jahren, die diesem Prozeß vorausgehen, hatte die Klägerin einen gut bezahlten Arbeitsplatz, und sie hat sich aktiv an gemeindlichen, wohltätigen und kirchlichen Aufgaben beteiligt. Die Klägerin scheint seit der schwierigen Zeit im Krankenhaus und seit der Trennung von ihrem Kind wieder voll hergestellt.

Das Gericht hat die Klägerin während ihrer Zeugenaussage beobachtet. Nach ihrer Anhörung kommt das Gericht zu dem Schluß, daß die Klägerin den aufrichtigen Wunsch hat, für ihre Tochter zu sorgen, und daß sie dazu in der Lage ist. Die Klägerin wohnt derzeit bei ihren Eltern; diese würden sich um ihr Enkelkind, nachdem es aus der Schule gekommen ist, solange kümmern, bis die Klägerin von der Arbeit nach Hause kommt. Die

Anwesenheit der Großeltern wird der Klägerin sehr helfen.

Dem von den Anwälten der beklagten Association gestellten Antrag, nochmals über die Weiterleitung dieses Falles an die Familienberatungsstelle zu verhandeln, wird nicht stattgegeben. Ein ähnlicher Antrag der Beklagten wurde bereits von anderen Richtern dieses Gerichts abgelehnt. Es ist bereits über alle entscheidungserheblichen Fragen verhandelt worden, und das Gericht hat keinen Anlaß, die Rückkehr des Kindes zu seiner natürlichen Mutter noch länger hinauszuzögern.

Die Klägerin hat angedeutet, daß sie es verstehe, wenn ihr wegen der Einstellung des Kindes die volle elterliche Sorge erst nach einer Übergangszeit übertragen wird. Die Parteien sollen sich daher beraten und dem Gericht Vorschläge für eine Besuchsregelung sowie für die Übertragung des Sorgerechts unterbreiten. Sollten sich die Parteien nicht einigen, wird das Gericht selbst entsprechende Regelungen treffen und dabei die geäußerten Vorschläge angemessen berücksichtigen.

Die Beweisunterlagen befinden sich beim Protokollführer.

Der fiktive Richter Baltimore, der sich unsere Richtlinien zu eigen gemacht hat, wird nun Richter Nadels Urteil neu abfassen. Er geht bei seiner Entscheidung ausschließlich von dem durch Richter Nadel festgestellten Sachverhalt aus. Richter Baltimore hat bei der Wiederholung des Sachverhalts, um nicht Stacey und ihre Interessen aus dem Auge zu verlieren, davon Abstand genommen, solch emotionsgeladene und gewisse Vorstellungen nahelegenden Begriffe wie »natürliche Mutter« oder »Mutter« zu verwenden, wenn er von Frau Rothman spricht. Er gebraucht stattdessen die Termini »Kläger« und »Beklagter«, um nicht ständig die wirklichen Namen der Prozeßparteien zu wiederholen, und er identifiziert Frau Rothman lediglich als eine Erwachsene, die ein Mädchen namens Stacey zur Welt gebracht hat.

Neufassung der ersten Entscheidung

Rothman gegen Jewish Child Care Association
Supreme Court Hampstead-Haven-County
1 New World Law Journal, Seite 1, Spalte 1
(vom 5. November 1971)

Richter Baltimore:

Die Klägerin, eine volljährige Frau, begehrt in diesem Verfahren eine Entscheidung, die ihr das Sorgerecht für ein achtjähriges Mädchen namens Stacey zuspricht. Um ihren Anspruch zu begründen, trägt sie folgenden unstreitigen Sachverhalt vor:

1. Die Klägerin brachte Stacey im Dezember 1963 zur Welt. Nach Sitte, Gewohnheit und Gesetz wurde ihr automatisch die elterliche Verantwortung für die Pflege und Obhut des Kindes zugeschrieben.

2. Vor sieben Jahren begab sich die Klägerin zur Behandlung in ein psychiatrisches Krankenhaus. Zur gleichen Zeit gab sie Stacey, die damals ein Jahr alt war, bei der Jewish Child Care Association, der Beklagten, in Pflege. Sie hatte die Absicht, später wieder selbst für Stacey zu sorgen.

3. Vor zwei Jahren wurde die Klägerin aus dem Krankenhaus entlassen und war seitdem nicht mehr in stationärer Behandlung. Sie lebt jetzt bei ihren Eltern, arbeitet als Sekretärin und verdient 140 Dollar wöchentlich.

4. Die Klägerin hat den aufrichtigen Wunsch, für Stacey zu sorgen, und ihre Eltern wollen sie während ihrer Arbeitszeit dabei unterstützen.

5. Die Beklagte hat es abgelehnt, Staceys gegenwärtige Beziehung zu ihren erwachsenen Pflegepersonen zu stören. Sie hat die Versuche der Klägerin, Stacey regelmäßig zu sehen und eine elterliche Beziehung zu ihr aufzubauen, behindert.

Im Namen Staceys widersetzte sich die Beklagte dem Antrag der Klägerin auf Übertragung des Sorgerechts. Die Beklagte macht geltend, daß die Klägerin aufgrund ihrer früheren Krankheit nicht für das Kind sorgen könne und nicht fähig sei, die Elternrolle zu übernehmen. Die Klägerin – wie jeder andere Erwachsene in einem vergleichbaren Fall – wird vom Gesetz zunächst so angesehen, als ob sie die Elternrolle erfüllen könnte. Diesen Punkt brauchen und werden wir nicht in Frage stellen.

Die eigentliche Frage lautet: Ist es erforderlich, daß Stacey durch Gerichtsbeschluß einer Elternperson zugewiesen wird? Die Fähigkeit der Klägerin, ihre Tochter zu erziehen, könnte nur dann eine Streitfrage werden, wenn zuvor festgestellt wird, daß Stacey derzeit ein nicht erwünschtes und geschätztes Kind ist, das nach Eltern verlangt. Erst danach könnte das Gericht den die Klägerin treffenden Beweis zulassen, um festzustellen, wer – unter den vorhandenen Alternativen – Staceys Interessen und Bedürfnissen am besten dient bzw. welche Maßnahme Stacey am wenigsten schadet.

Sonderbarerweise enthalten die vorgetragenen Beweise keinerlei Hinweis auf Staceys Bedürfnisse. Solange nichts gegenteiliges vorgetragen und unter Beweis gestellt wurde, geht das Gesetz davon aus, daß Stacey ein erwünschtes und geschätztes Kind ist und in der wechselseitigen Beziehung zu ihren Pflegepersonen einen festen Platz inne hat. Die Beweislast obliegt der Klägerin: Sie muß die gesetzliche Vermutung widerlegen, nach welcher der Erwachsene oder die Erwachsenen, die gegenwärtig für Stacey verantwortlich sind, auch weiterhin ihre Eltern sein können. Ein anderer Aspekt dieser Vermutung ist, daß Stacey von ihrer leiblichen Mutter psychisch verlassen wurde. Sieben Jahre sind seit dem letzten Kontakt vergangen. Die Klägerin hat daher zu beweisen, daß es erforderlich ist, die seit langem bestehende Beziehung zwischen Stacey und ihren psychologischen Eltern zu verändern. Mit anderen Worten, die Klägerin muß nachweisen, daß Stacey in ihrer jetzigen Familie nicht erwünscht und geschätzt ist. Sollte die Klägerin den Beweis hierfür erbringen, braucht sie nicht mehr darzulegen, daß sie zur Erfüllung der Mutterrolle fähig ist. Sie müßte vielmehr den Beweis dafür antreten, daß die Ausübung des Sorgerechts durch sie unter den gegebenen Alternativen den geringsten Nachteil für Staceys körperliches und psychisches Wohlbefinden bedeutet.

Die Klägerin trägt außerdem vor, sie habe nie die elterliche Sorge für Stacey verloren. Sie behauptet, sie habe sich immer für Staceys Wohl verantwortlich gefühlt, sie behauptet weiter, daß sie mit der Beklagten eine »zeitweilige« Pflegestelle vereinbart habe, daß sie von Anfang an davon ausgegangen sei, Stacey werde nur vorübergehend untergebracht, und daß sie immer beabsichtigt habe, nach ihrer Genesung selbst für Stacey zu sorgen. Sie macht geltend, zu keinem Zeitpunkt während der letzten sieben Jahre habe sie auf Stacey verzichtet; sie habe nie aufgehört, ihre »Mutter« zu sein. Wenn jemandem ein Vorwurf zu machen sei, so behauptet sie, dann der beklagten Vereinigung. Diese habe den Aufbau einer elterlichen Beziehung mit Stacey verhindert. All diese Behauptungen und die sie stützenden Tatsachen sind Ausdruck einer zwar verständlichen, aber falschen Ansicht.

Die Frage, ob ein Erwachsener ein Kind verlassen hat, ist nicht nach den Absichten des Erwachsenen zu beurteilen, sondern nach den Auswirkungen einer Trennung auf das Kind. Diese Betrachtungsweise gilt zumindest dann, wenn festzustellen ist, wer die Elternrolle wahrnehmen soll. Seit Stacey ein Jahr alt war, hatte sie keinen beständigen, liebevollen oder sonstwie positiven Kontakt mit der Klägerin. Falls nicht das Gegenteil bewiesen wird, ist bei der Frage des Sorgerechts für Stacey davon auszugehen, daß sie verlassen worden ist. In der beginnenden – wie auch immer gearteten – psychologischen Bindung zwischen Stacey und der Klägerin ist ein entscheidender Bruch aufgetreten. So schmerzhaft es für diese wohlmeinende Frau auch sein mag, ihre Absichten allein genügen nicht, um ein psychologisches Verlassen auszuschließen. Selbst wenn die Absichten der Klägerin in ein sorgfältig ausgearbeitetes Programm zur Aufrechterhaltung des Kontakts mit dem Kind eingeflossen wären, hätte sie wohl kaum über Jahre hinweg Staceys primäre Quelle für Zuneigung und Stimulierung sein können, und was am wichtigsten ist, sie hätte Stacey keinen Sinn für Kontinuität vermitteln können, auf den es für eine gesunde körperlich-seelische Entwicklung maßgeblich ankommt.

Was Staceys Interessen betrifft, so ist unerheblich, daß die Verwirklichung jener Absichten von der beklagten Association – oder sonst jemand – vereitelt wurde, auch kommt es hier nicht darauf an, ob die Absichten der Klägerin an Mißverständnissen, Krankheit oder Ignoranz scheiterten. Ganz gleich, wo die Ursache liegt, oder wer sich verantwortlich fühlt, es ist eine von den Gerichten zu beachtende psychologische Tatsache, daß die Klägerin von Stacey nicht als Elternperson anerkannt wird.

Es wäre unmöglich, genau anzugeben, wann die »vorübergehende« Überlassung Staceys an die Association in ein rechtlich erhebliches Verlassen umschlug. Auch ist es nicht möglich, genau zu bestimmen, wann sich eine neue psychologische Eltern-Kind-Beziehung ausbildete. Aber solange nicht der Gegenbeweis angetreten wurde, ist davon auszugehen, daß eine derartige Beziehung in den zurückliegenden sieben Jahren entstanden ist. Diese Beziehung bedarf rechtlicher Anerkennung und rechtlichen Schutzes und könnte – in Anlehnung an die Common-Law-Eheschließung – als faktische Elternschaft bzw. faktische Adoption bezeichnet werden. Eine solche Adoption genießt den gesetzlichen Schutz, der allgemein gewährt wird, um gesunde Bindungen zwischen Eltern und Kind zu fördern und zu schützen.[74]

Diese Entscheidung ist nicht so zu verstehen, als solle irgend einer Person oder Kinderunterbringungsstelle Schuld zugeschrieben werden. Selbstverständlich kann einer Unterbringungsstelle die Erlaubnis entzogen werden, oder sie kann für Schäden haftbar gemacht werden, wenn sie ihre übernommenen Pflichten verletzt hat. In unserem Zusammenhang ist allein wichtig, daß das Kind nicht zu einer »Schadensprämie« wird. Deshalb sind subjektive Absichten für die Entscheidung ohne Relevanz. Indem der Entscheidungsschwerpunkt auf das Problem der kindlichen Bedürfnisbefriedigung verlagert wird, nimmt das Gesetz – wie es sein sollte – davon Abstand, moralische Urteile über die Eignung zur Elternschaft zu fällen; es sieht davon ab, Schuld vorzuwerfen, und es betrachtet die Übertragung oder Verweigerung bzw. Aberkennung des Sorgerechts nicht länger als Belohnung oder Strafe. Damit wird es unwichtig, ob sich die Eltern-Kind-Beziehung unter Bedingungen entwickelt hat, die innerhalb oder außerhalb der »Kontrolle« eines erwachsenen Klägers liegen.

Auch wenn das Gericht anordnete, daß Stacey ihrer biologischen »Mutter« zurückzugeben ist, stände es nicht in seiner Macht, eine psychologische Eltern-Kind-Beziehung zwischen ihnen herzustellen. Darüber hinaus würde ein solcher Gerichtsbeschluß Schaden anrichten und für alle Beteiligten, für das Kind ebenso wie für die Erwachsenen, sehr schmerzlich sein.

Obgleich der Elternstatus nach dem Gesetz nicht leicht verloren geht, so kann er doch nur so lange Bestand haben, wie er der Gesundheit und dem Wohl des Kindes tatsächlich dient. Es handelt sich um eine Beziehung, die durch – eheliche sowie nichteheliche – Geburt oder durch Adoption entsteht und die, um fortbestehen zu können, einer kontinuierlichen Interaktion zwischen Erwachsenem und Kind bedarf. Sie kann »zufällig und unbeabsichtigt« von einem der Eltern oder durch das Entstehen einer neuen Eltern-Kind-Beziehung, die wir faktische Adoption nennen, oder durch das gesetzlich vorgeschriebene förmliche Verfahren, das Adoption genannt wird, zerbrochen werden. Für den gerichtlichen Schutz des gegenwärtigen Zustandes ist allein die tatsächliche Bindung, die Realität einer andauernden Beziehung, entscheidend. Das Gericht darf trotz des Mitgefühls für die Situation der Klägerin nicht dazu beitragen, daß Stacey von den einzigen liebevollen Eltern, die sie kennt, weggerissen wird. Es ist davon auszugehen, daß Stacey in ihrem gegenwärtigen Lebenskreis ein erwünschtes und geschätztes Kind ist.

Zum Schluß sei darauf hingewiesen, daß diese Entscheidung keinen Bruch mit der Vergangenheit darstellt. Die Vergangenheit ist vielmehr die Zukunft. Das Recht und (wie die Psychoanalyse lehrt) auch die Menschen verfügen über ein reiches Erbe, das jede Generation von der Vergangenheit empfängt, dem Jetzt anpaßt und dann der Zukunft überläßt. Das Recht bemüht sich zwar unablässig, der gesellschaftlichen Erwartung nach Stabilität durch autoritative Entscheidungen Rechnung zu tragen, kommt aber zugleich dem gesellschaftlichen Bedürfnis nach Flexibilität und Veränderung entgegen, indem es jeder Autorität eine Gegenautorität und jedem Präzedenzfall einen Gegenpräzedenzfall gegenüberstellt. Das lebendige Recht strebt auf diese Weise die Sicherung von Verhältnissen an, die ein gesundes Wachstum und eine gesunde Entwicklung der Gesellschaft gewährleisten.

Daß diese Entscheidung mit der Rechtsprechung des vorigen Jahrhunderts nicht unvereinbar ist, wird weder Kenner des Rechts, die sich radikalen Brüchen mit der Vergangenheit konstruktiv widersetzen, überraschen noch Kenner der Pädagogik und Psychologie, die uns anregten, das menschliche Bedürfnis nach Kontinuität verstehen zu lernen. Der bekannte amerikanische Rechtswissenschaftler und Richter am United States Supreme Court, Joseph Story, schrieb zum Beispiel 1824 in dem Verfahren *Vereinigte Staaten gegen Green* (3 Mason 482 Fed. Cas. Nr. 15256 [1824]) in seiner Eigenschaft als Bezirksrichter, ohne daß er auf eine psychoanalytische Theorie der Kindesentwicklung zurückgreifen konnte:

»Grundsätzlich steht dem Vater das Sorgerecht für sein minderjähriges Kind zu. Dies ergibt sich aber nicht aus irgendeinem absoluten Recht des Vaters; vielmehr geht das Gesetz zum Vorteil des Kindes davon aus, daß es in seinem Interesse liegt, wenn es von seinem natürlichen Beschützer umsorgt und aufgezogen wird. Wenn also ein Gericht ersucht wird, das Sorgerecht auf den Vater zu übertragen und das Kind anderen Personen wegzunehmen, dann muß es eine Regelung treffen, die unter Berücksichtigung aller Umstände den wahren und langfristigen Interessen des Kindes am besten entspricht; und wenn das Kind über genügend Einsicht verfügt, hat das Gericht dessen persönliche Wünsche zu beachten.«

Nicht ganz so vage und in Worten, die – obwohl mehr als ein Jahrzehnt vor Freuds *Traumdeutung* geschrieben – bisweilen psychoanalytisch klingen, sagte Richter Brewer vom Obersten Gericht in Kansas in dem Unterbringungsverfahren *Chapsky gegen Wood* im Jahre 1889 (26 Kan. Reports, pp. 650-658 [2. Auflage, 1889]):

»Wenn ein Kind seit mehreren Jahren der Sorge von Personen untersteht, die all den Pflichten, die gewöhnlich Eltern obliegen, nachgekommen sind, dann hängt die Frage, ob dem Vater das Sorgerecht für dieses Kind zugesprochen werden soll oder nicht davon ab, inwieweit diese Regelung dem Wohle und Interesse des Kindes dienen würde. Diese Unterscheidung muß vorgenommen werden. Wenn ein Vater den Verzicht auf sein Kind nach kurzer Zeit widerruft und auf Herausgabe des Kindes klagt, ohne daß er wegen unsittlichen Verhaltens usw. als ungeeignet anzusehen ist, dann werden die Gerichte kaum auf Mutmaßungen darüber achten, ob es dem Kind nützt, wenn man es zurückgibt bzw. an seiner Unterbringung nichts ändert. Mit anderen Worten, die Gerichte werden sich auf das Naturgesetz berufen, nach dem die Kraft der väterlichen Liebe stärker zu berücksichtigen ist als die bloße Spekulation über eventuelle Vorteile, die mit Wohlstand und sozialer Stellung verbunden sind. Wird aber demgegenüber die Herausgabe des Kindes erst nach mehreren Jahren verlangt, nachdem bereits neue Bindungen entstanden sind und das Leben und Denken des Kindes eine bestimmte Richtung erfahren hat, dann sollte besonders darauf geachtet werden, ob eine Veränderung der Umgebung des Kindes vom Vorteil wäre. *Es ist eine offenkundige Tatsache, daß im Laufe der Zeit blutmäßige Verbindungen schwächer werden, während die Bande, die durch gemeinsames Erleben entstanden sind, kräftiger werden; Gedeihen und Wohl des Kindes hängen von Zahl und Stärke dieser Bande ebenso wie von der Möglichkeit ab, diese Bande zu verstärken* (Hervorhebung durch die Verfasser).

Es ist nur recht und billig, wenn das Interesse, die Treue und die Zuneigung derjenigen respektiert werden, die über Jahre hinweg die Stelle von Eltern eingenommen haben und alle Sorgepflichten erfüllten. Das gilt besonders, wenn diese Verantwortung in den ersten Lebensjahren des Kindes übernommen wurde, wo die Last noch schwerer ist, und wo der Wert von Mühe und Sorge nicht in Geld ausgedrückt werden kann – wenn alle diese Anstrengungen unternommen wurden, und sich das Kind zu einem aufgeweckten und glücklichen Mädchen entwickelt hat. Als erstes ist danach zu fragen, was dem Wohl des Kindes dient. Dies sind, wie ich meine, die Maßstäbe des Gesetzes, die auf Fälle der vorliegenden Art anzuwenden sind.

..... Die Frage nach der Zukunft des Kindes ist eine Frage nach der Wahrscheinlichkeit. Niemand ist weise genug, um mit absoluter Genauigkeit vorherzusagen, was für das Kind am besten ist; und dennoch müssen wir auf der Grundlage von Wahrscheinlichkeiten, die das Ergebnis der Beweisaufnahme sind, Entscheidungen treffen; die Gesetzmäßigkeiten menschlicher Erfahrungen leiten uns hierbei .....

Das Kind hat heute und hatte in der Vergangenheit all das, was die Liebe und Sorge einer Mutter geben kann. Die Zuneigung, zu der eine Mutter fähig ist, entspringt der Tatsache, daß das Kind von ihr abstammt; vielleicht kann niemand anderes eine solche Zuneigung empfinden; aber kein anderer – soweit man das sagen kann – liebt das Kind so wie Mrs. Wood, deren Zuneigung mit der jahrelangen geduldigen Pflege eines kleinen, hilflosen Babys entstanden ist, eine Zuneigung, die aus dem Zusammensein mit dem Kind herrührt und die eine Folge der mütterlichen Fürsorge und Rücksichtnahme ist. Es ist augenscheinlich, daß – insofern als die Liebe einer Mutter überhaupt ihresgleichen finden kann – die Pflegemutter des Kindes diese Liebe hat und haben wird.

Wenn das Kind demgegenüber bei der Familie väterlicherseits untergebracht wird, kommt es in eine Familie, deren weibliche Mitglieder eine gerade erwachsen werdende Tante und eine Großmutter sind; beide haben das Kind noch nie gesehen und empfinden für es auch keine Zuneigung, die aus jahrelangem Zusammensein entstanden ist .....

Die Familienmitglieder würden sicherlich Zuneigung für das Kind empfinden können – etwas anderes wäre nur schwer vorstellbar; aber sie würden Fremde sein gemessen an der tiefen, starken und geduldigen Liebe, die aus der Mutterschaft und aus der Fürsorge in den Jahren der Hilfsbedürftigkeit des Kindes herrührt.«

Mit der Bestätigung von Staceys Adoption und mit der Bejahung des von der beklagten Association geltend gemachten Rechtes Staceys, bei ihren psychologischen Eltern der zurückliegenden acht Jahre zu bleiben, folgt das Gericht der Ansicht von

Richter Brewer, die dieser im *Chapsky*-Fall vertreten hat:

»Es ist eine ernste, stets zu stellende Frage, ob ein Unterbringungswechsel angeordnet werden soll oder nicht. »Misch Dich nicht unnötig ein« ist ein Grundsatz, der auf reichliche Erfahrung gegründet ist.«

Knapp ein Jahr nachdem die Richter Nadel und Baltimore ihre Entscheidungen gefällt hatten, überprüfte Richter Nadel seine erste Entscheidung über Staceys Unterbringung noch einmal. Nachstehend folgt ungekürzt seine zweite Entscheidung, die zu einer Stellungnahme herausfordert.

Zweite Entscheidung

Rothman gegen Jewish Child Care Association
Supreme Court New York County
N. Y. Law Journal, Seite 17, Spalte 2-4
(vom 1. November 1972)
Richter Nadel:

In diesem *habeas corpus*-Verfahren, das von der Mutter gegen die Jewish Child Care Association angestrengt wurde, sprach das Gericht aufgrund der Beweisaufnahme das damals 8½jährige Mädchen der Mutter zu. Die Klägerin hatte ihr Kind nicht zur Adoption freigegeben, aber im Dezember 1964, als sie sich freiwillig einer psychiatrischen Behandlung unterzog, gab sie das Kind bei der Beklagten vorübergehend in Pflege. Die Klägerin wurde einige Zeit nach ihrer ersten Entlassung aus dem Krankenhaus erneut aufgenommen. Seit ihrer letzten Entlassung im Dezember 1969 war sie nicht mehr in stationärer Behandlung. Sie lebt bei ihren Eltern und hat eine gut bezahlte Stellung. Das Gericht kam zu dem Ergebnis, daß die Beklagte nicht die Unfähigkeit der Mutter, das Sorgerecht für ihr Kind auszuüben, beweisen konnte; die Beklagte war aber insoweit beweispflichtig.

Die Mutter sah ein, daß wegen der widerstrebenden Einstellung ihrer Tochter eine Übergangsperiode nötig war, bis sie die volle elterliche Sorge erlangen könnte. Die Entscheidung sah eine solche Übergangsregelung vor.

In einem Nebenverfahren wurden eidesstattliche Erklärungen von Ärzten und medizinische Gutachten eingeholt. Diese Gutachten wurden auf der Grundlage von Untersuchungen des Kindes erstellt, die im Anschluß an den Beweisaufnahmetermin durchgeführt wurden und die andeuteten, daß es für die geistige Entwicklung des Kindes schädlich wäre, wenn es damals zu seiner Mutter zurückkehrte. Das Gericht modifizierte von sich aus den am 16. Februar 1972 ergangenen Beschluß, der die Rückkehr des Kindes zu seiner Mutter auf ein bestimmtes Datum festgesetzt hatte, und faßte am 2. März 1972 einen Ergänzungsbeschluß, mit dem die beklagte Jewish Child Care Association die Personensorge für das Kind zurückerhielt. Der Association sollte es durch diesen Abänderungsbeschluß ermöglicht werden, das Kind in einer von ihr geleiteten Einrichtung unterzubringen, um dem Kind die spezielle therapeutische Behandlung, die es benötigte, zu ermöglichen, und um es von einem unparteiischen Kinderpsychiater untersuchen zu lassen. Daran anschließend sollte erneut in die Beweisaufnahme eingetreten werden, in der alle Parteien ausführliche medizinische Gutachten zu der Frage vorlegen sollten, wann und unter welchen Umständen das besagte Kind zu seiner Mutter zurückkehren könnte. Die Anhörungstermine wurden für Juni bestimmt.

Die Kapitel 645 und 646 des Gesetzes von 1972, die am 30. Mai 1972 in Kraft traten, ergänzten § 383 Abs. 3 des Sozialhilfegesetzes (Social Services Law) um eine Bestimmung, die auf den hier zu beurteilenden Fall genau zugeschnitten ist. Diese Bestimmung gibt Pflegeeltern, die ein durch eine staatlich anerkannte Stelle vermitteltes Kind länger als 24 Monate ununterbrochen in Pflege hatten, das Recht, als Partei mit eigenem rechtlichen Interesse in jeden Rechtsstreit, der das Sorgerecht für das Kind betrifft, einzutreten. Dem Antrag der Pflegeeltern, diesem Verfahren beitreten zu können, wurde am 27. Juni 1972 durch Beschluß eines anderen an diesem Gericht tätigen Richters stattgegeben. Das Gericht hatte einen ähnlichen Antrag am 1. März 1972, also vor der Verabschiedung der Kapitel 645 und 646 der Gesetze von 1972, unter Berufung auf den Fall *Scarpetta gegen Spence-Chapin Adoptions Service,* 28 N. Y. 2 d 185, abgelehnt. Um den Intervenienten die Möglichkeit zu geben, daß der von ihnen benannte Psychiater das Kind untersuchen und dann an dem Beweistermin teilnehmen konnte, einigte man sich darauf, die Anhörungen bis zum September zu verschieben.

Aus einer von dem Präsidenten des Council of Child Psychology[75] vorgeschlagenen Liste wählten die Anwälte der Klägerin und der Beklagten den unparteiischen Psychiater Dr. D'Arc. Jeder Partei, einschließlich der Intervenienten, wurde Gelegenheit gegeben, das Kind von einem Psychiater eigener Wahl untersuchen zu lassen. Dr. D'Arc untersuchte das Kind viermal.

Fünf Psychiater haben übereinstimmend ausgesagt, daß das Kind depressiv ist, und daß die bloße Erwähnung einer möglichen Rückkehr zu seiner natürlichen Mutter Depressionen, Trauer und Tränen hervorruft. Es ist bedeutsam, daß nicht einmal Dr. Cohen, der von der Klägerin benannt wurde, eine Rückkehr des Kindes zu seiner natürlichen Mutter empfiehlt. Dies würde dem Wohle des Kindes schaden.

Dr. Cohen meinte, wenn das Kind der Mutter übergeben werden müsse, dann sollte dies schrittweise geschehen, damit für alle Beteiligten unnötige Belastungen vermieden werden. Er schlug einen Plan vor, demzufolge die anfänglichen Besuche der Mutter in Pleasantville stattfinden sollten, jeweils von ein- bis zweistündiger Dauer, um eine Beziehung aufzubauen; danach sollten die Besuche mehrere Stunden dauern und auf die nähere Umgebung ausgedehnt werden; ginge dies gut, so sollte das Kind vielleicht für einen Tag zu der Muttter nach Hause kommen, und falls der Plan weiterhin erfolgreich ist, sollte es zunächst ein Wochenende und dann für eine ganze Woche oder länger bei der Mutter sein.

Dieser Plan entspricht ungefähr der ursprünglich vom Gericht empfohlenen allmählichen Verlängerung der Besuchszeiten. Aus dem Protokoll geht hervor, daß die ersten Besuche, die entsprechend dem gerichtlichen Stufenplan durchgeführt wurden, nicht die in sie gesetzten Erwartungen erfüllt haben und daß die Besuche in Pleasantville während der Zeit von Juli bis September ein völliger Fehlschlag waren.

Auf die Frage »Was soll geschehen, wenn durch die Besuche nichts erreicht wird?« antwortete Dr. Cohen:

»Ich möchte dazu folgendes sagen: Wenn durch regelmäßige Besuche nichts erreicht wird, wenn überhaupt keine Beziehung zustande kommt, wenn keinerlei Fortschritte erzielt würden, dann müßten wir ernstlich bezweifeln, ob unser Plan sinnvoll ist.«

Auf die Frage »Nehmen wir an, die anfänglichen Besuche in Pleasantville gingen nicht gut?« sagte er: »Nun ich denke, wenn die Besuche zu Anfang nicht das gewünschte Ergebnis zeigen und man nicht feststellen könnte, woran dies liegt, dann sollte in der Tat auf weitere Besuche verzichtet werden.«

Er sagte auch aus, das Kind reagiere mit widersprüchlichen Gefühlen auf die mögliche Vereinigung mit seiner Mutter und es sei niedergeschlagen, verwirrt und traurig.

Dr. Feldmann und Dr. Damino, die beiden von den Intervenienten bestellten Psychiater, führten aus, daß das Kind unter Depressionen leide und die Gefahr einer negativen Verstärkung der Symptome bestehe, wenn das Kind zur Rückkehr zu seiner Mutter gezwungen würde. Sie gaben ihrer festen Überzeugung Ausdruck, daß das Kind zum gegenwärtigen Zeitpunkt nicht zu seiner Mutter zurückkehren sollte. Dr. Damino legte einen Plan vor, der nach seiner Ansicht zu einer guten Beziehung zwischen Mutter und Kind führen könnte. Er sagte:

»Aufgrund der Untersuchung des Mädchens kam ich zu dem Schluß, daß es einen möglichen Ausweg aus unserem Problem gibt: Falls die Mutter über mehrere Jahre hinweg – ich denke da an etwa fünf Jahre – keine Gefahr für das Kind insofern darstellt, als sie das Kind den D's nicht wegnehmen will, dann besteht die begründete Wahrscheinlichkeit, daß das Mädchen eine liebevolle Beziehung zu seiner natürlichen Mutter entwickeln könnte, wenn sich beide alle zwei Wochen für ein oder zwei Tage regelmäßig besuchen; aber die Hauptsache hierbei wäre, daß sich das Mädchen nicht von seiner natürlichen Mutter bedroht fühlt, daß es nicht befürchten muß, von den D's getrennt zu werden.«

Des weiteren sagte er aus, es gebe zur Zeit keine echte Möglichkeit, Stacey ihrer Mutter zurückzugeben, ohne das Kind als menschliches Wesen zu zerstören.

Nach der Aussage Dr. Pellners, der für die Beklagten auftrat, würde die Rückkehr zu seiner Mutter zu einer geistigen Retardierung des Kindes führen. Er sagte weiter, es sei vorstellbar, daß Stacey eines Tages in weiter Zukunft den Wunsch äußern könnte, zu ihrer Mutter zu wollen, weil sie vielleicht ihre Mutter kennenlernen und eine Beziehung mit ihr aufnehmen möchte. Ins Kreuzverhör genommen sagte er aus, der schnellste und sicherste Weg »für ein Kind wie Stacey, den Punkt zu erreichen, an dem es nach seiner Mutter verlangt, führt meiner Überzeugung nach nur über die D's«.

Mr. Arest, der Verwalter der Wohnsiedlung von Pleasantville Cottage School, ging in seiner Aussage auf die Besuche der Klägerin ein; es sei ihr zu keinem Zeitpunkt gelungen, irgendeine Beziehung zu dem Kind herzustellen. Obgleich er mehrfach Anstrengungen unternommen habe, ihr während der Besuche zu helfen, habe alles nichts genutzt. Das Kind sei nach den Besuchen hysterisch schreiend, sehr verwirrt und zitternd zurückgekommen. Das Kind habe auf alle Liebeszuwendungen der Mutter mit Ablehnung reagiert. Die Mutter sei dann sehr frustriert gewesen, habe das Kind angeschrien und bedroht. Die kurzen Besuche hätten stets einen unerfreulichen Ausklang gehabt. Seine Aussage, daß die Feindseligkeit des Kindes der Mutter gegenüber nicht überwunden wurde, daß die Mutter auf die unbeugsame Haltung des Kindes überreagierte und keine Zuneigung oder Vertrauen gewinnen konnte, blieb unwiderlegt. Die Mutter sah sich von ihrem Kind enttäuscht. Nach dem Ergebnis der Beweisaufnahme kommt das Gericht zu dem Schluß, daß die Rückgabe des Kindes an die Klägerin zur Zeit gegen die wohlgemeinten Interessen des Kindes verstoßen und Nachteile sowie Gefahren für sein geistiges und emotionelles Wohl mit sich bringen würde.

Die Klägerin vertritt die Ansicht, daß das Gericht gar keine andere Wahl habe, als ihr Stacey unverzüglich zuzusprechen, denn ohne die vorherige Feststellung ihrer Ungeeignetheit als Mutter könne das Gericht nicht auf das Wohl des Kindes eingehen; und hier habe das Gericht bereits festgestellt, daß sie nicht ungeeignet ist. Sie beruft sich für ihre Ansicht auf die Entscheidungen: People ex rel. Kropp v. Shepsky, 305 N. Y. 465; People ex rel. Scarpetta v. Spence-Chapin Adoption Service, 28 N. Y. 2d 185, 321 N. Y. S. 2d 65; Spence-Chapin Adoption Service v. Polk, 29 N. Y. 2d 196, 324 N. Y. S. 2d 937.

Das erkennende Gericht ist aber nicht der Auffassung, daß in den genannten Entscheidungen der Grundsatz aufgestellt wird, ohne Bejahung der Ungeeignetheit der Mutter dürfe auf das Kindeswohl nicht eingegangen werden, und das Kind müsse sofort der Mutter zugesprochen werden.

In dem *Fall Spence-Chapin Adoption Service gegen Polk* (siehe oben) hat das Berufungsgericht die hier maßgeblichen Präzedenzfälle herangezogen und festgestellt, daß das Primat der Elternrechte stets zu beachten ist, und daß sich der Streit zwischen einem Elternteil und einem Dritten nicht in die einfache tatsächliche Frage auflösen läßt, wer von beiden die bessere Umgebung bieten kann oder welche Partei besser befähigt ist, das Kind zu erziehen. Das Gericht stellt dann auf Seite 204 fest:

»›Mit anderen Worten, nicht die Mutter trägt die Beweislast dafür, daß es dem Wohle des Kindes förderlich ist, wenn es zu ihr kommt; vielmehr müssen die Dritten, die Nicht-Eltern, beweisen, daß die Mutter ungeeignet ist, ihr Kind bei sich zu haben, und daß das Kindeswohl eine Trennung von der Mutter verlangt. (305 N. Y. S. 469).‹ Dies bedeutet selbstverständlich nicht, daß die Rechte und Interessen des Kindes untergeordnet sind. Es ist ein allgemein anerkannter Grundsatz, daß es dem Wohl des Kindes am besten entspricht, wenn es von seinen Eltern großgezogen wird, außer wenn die Eltern wegen schweren Fehlverhaltens ungeeignet sind. Diese Verallgemeinerung hat natürlich eine Unzahl von Ausnahmen, aber die Ausnahmen sprechen nicht gegen die Wahrheit des Grundsatzes.«

Obwohl das Gericht der im *Shepsky*-Fall (siehe oben) vertretenen Meinung folgt, derzufolge die Nicht-Eltern beweisen müssen, »daß die Mutter ungeeignet ist, ihr Kind bei sich zu haben, und daß das Kindeswohl eine Trennung von der Mutter verlangt«, macht es sogleich zwei Einschränkungen, 1.) daß die Rechte und Interessen des Kindes nicht untergeordnet sind, und 2.) daß der Grundsatz in seiner Allgemeinheit eine Unzahl von Ausnahmen hat.

Allgemeine Prinzipien für sich genommen stellen im Einzelfall keine Handlungsanweisung dar. Manchmal bestätigen Ausnahmen die Regel. In keinem der von der Klägerin angeführten Fälle ist ausreichender medizinischer Beweis dafür angetreten, daß die Übertragung des Sorgerechts auf die Mutter das Wohl des Kindes gefährden würde.

Wenn das Gericht im vorliegenden Fall nicht auf das geistige und emotionale Wohl des Kindes einginge, würde es faktisch eine Unterordnung der Rechte und Interessen des Kindes bewirken. Stacey ist heute neuneinhalb Jahre alt. Die tragischen Erfahrungen während ihrer ersten beiden Lebensjahre, die andauernde Abwesenheit der Mutter in den nächsten sechseinhalb Jahren, die Ablehnung der Mutter durch das Kind während des zurückliegenden Jahres, die Unfähigkeit der Mutter, eine Beziehung zu dem Kind herzustellen oder dem Kind gewachsen zu sein – gleichgültig an wem dies lag –, und der umfassende medizinische Beweis, daß das geistige und emotionale Wohl gefährdet würde, all diese Umstände rechtfertigen den Schluß, daß dieser Fall zu der Unzahl von Ausnahmen gehört, die der allgemeine Grundsatz vom Vorrang des Elternrechts hat.

Aufgrund der Beweisaufnahme gelangt das Gericht zu dem Ergebnis, daß im gegenwärtigen Zeitpunkt die Rückkehr des Kindes zu seiner Mutter eine Gefahr für das geistige und emotionale Wohl des Kindes bedeuten würde und gegen die wohlverstandenen Kindesinteressen verstieße. Der Klageantrag ist daher zurückgewiesen.

In das Urteil ist eine Besuchsregelung aufzunehmen, wie bei der Besprechung mit den Anwälten vereinbart wurde.

Kritik der zweiten Entscheidung

Im Gegensatz zu Richter Nadel bliebe es unserem fiktiven Richter Baltimore erspart, seinen Beschluß über die Unterbringung Staceys revidieren zu müssen. Auch müßte er ihren Fall nicht als einen der Ausnahmefälle behandeln und sich auf medizinischen Beweis stützen, um seine Entscheidung, Stacey nicht der biologischen Mutter zurückzugeben, zu rechtfertigen. Aufgrund des Wissens, das unsere Richtlinien vermitteln, wäre er in der Lage, Stacey in ihrer festen Bindung an die Erwachsenen, die ihre psychologischen Eltern geworden waren, zu sehen und jede Störung dieser Beziehung abzuwenden.

In Übereinstimmung mit unserer Kontinuitätsrichtlinie hätte er davon abgesehen, Stacey vorübergehend woanders unterzubringen, selbst wenn die biologische Mutter die Vermutung, daß das Kind in seiner Pflegefamilie erwünscht und geschätzt war und sich gut eingelebt hatte, widerlegen könnte. Er würde Staceys Umgebung erst verändert haben, nachdem sich eine dauerhafte Unterbringungsmöglichkeit (die am wenigsten schädliche Alternative) gefunden hätte.

Gemäß unserer Richtlinie über den kindlichen Zeitbegriff würde er nicht erwarten, daß Stacey noch nach sieben Jahren der Trennung an ihrer biologischen Mutter hängt, obgleich die Klägerin als erste das Kind gepflegt und versorgt hatte, und obwohl sich damals möglicherweise eine psychologische Beziehung zu entwickeln begonnen hatte.

Ausgehend von der Annahme, daß Stacey ein gesundes Kind war, bevor die Krankheit der Mutter schicksalhaft in ihr Leben eingriff, würde er nur wenig Vertrauen in die Wirksamkeit einer »Therapie« für Stacey gesetzt haben. Die Anhänglichkeit eines Kindes an seine psychologischen Eltern ist normal und bedarf keiner therapeutischen Anstrengungen, die auf pathologische Erscheinungsformen abgestimmt sind. Stacey kann nicht von der Liebe zu ihren Pflegeeltern »geheilt« werden.

In Übereinstimmung mit dem Grundsatz, daß den Interessen des Kindes Vorrang zu geben ist, hätte er der biologischen Mutter kein Besuchsrecht gewährt, denn das Kind hatte die Mutter abgewiesen und ihre Gegenwart oder ihr Einfluß wären daher für das Kind wenig vorteilhaft gewesen. Er hätte somit gleichzeitig die Rechte und Interessen der psychologischen Eltern geschützt.

Ganz sicher wäre er darüber verwundert gewesen, daß es keine klare Entscheidung über Staceys Rückkehr zu den D's gegeben hatte; und aufgrund seiner Kenntnisse über die Kindesentwicklung hätte er sich gefragt, warum die psychiatrischen Gutachter nicht den anfänglichen Bemühungen, Stacey von ihren psychologischen Eltern zu trennen, entgegengetreten sind. Auch hätte er sich gefragt, ob die erste Entscheidung möglich gewesen wäre, wenn Stacey den Status einer Partei mit entsprechender anwaltlicher Vertretung ihrer Interessen gehabt hätte.

VII.

Vorschlag für ein Gesetz über die Unterbringung von Kindern

An dieser Stelle legen wir die wichtigsten Bestimmungen eines künftigen Gesetzes über die Unterbringung von Kindern vor. Die in diesem Buch entwickelten Konzepte, Richtlinien und Schlußfolgerungen sind hier in Gesetzesform gebracht worden. Eine Kommentierung des Gesetzes erübrigt sich, denn das Buch übernimmt diese Aufgabe selbst.[76]

Auszüge aus dem Gesetz von Hampstead-Haven über die Unterbringung von Kindern.

Artikel 10 Definitionen

§ 10.1 Biologische Eltern

Biologische Eltern sind diejenigen, die das Kind physisch erzeugen.

§ 10.2 Erwünschtes und geschätztes Kind

Ein erwünschtes und geschätztes Kind ist ein Kind, das kontinuierlich von zumindest einem Erwachsenen Zuneigung und Nahrung empfängt, und das von denen, die es umsorgen, Anerkennung genießt.

§ 10.3 Psychologische Eltern

Psychologische Eltern sind diejenigen, die Tag für Tag durch Interaktion, gemeinsames Erleben und wechselseitige Beeinflussung die psychischen Bedürfnisse des Kindes nach einer Elternperson befriedigen und auch den physischen Bedürfnissen des Kindes Entfaltungsraum geben. Die Rolle der psychologischen Eltern kann in gleicher Weise von den biologischen Eltern (§ 10.1), den Adoptiv-, Pflege- oder faktischen Eltern (§ 10.4), oder jeder anderen Person erfüllt werden. Außer der ersten Zuordnung des Kindes bei der Geburt (§ 20) gibt es keine Vermutung zugunsten der genannten Personen.

§ 10.4 Faktische Eltern-Kind-Beziehung

Die faktische Eltern-Kind-Beziehung ist die Beziehung zwischen psychologischen Eltern (§ 10.3) und einem erwünschten und geschätzten Kind (§ 10.2), die sich außerhalb einer Adoption oder einer Übertragung des Sorgerechts in Scheidungs- oder Trennungsverfahren sowie außerhalb der ursprünglich bei der Geburt erfolgten Zuordnung des Kindes zu seinen biologischen Eltern (§ 20.1) entwickelt hat.

§ 10.5 Der Zeitbegriff des Kindes

Der Zeitbegriff von Kindern wird durch die Dringlichkeit ihrer Triebregungen und Gefühlsansprüche bestimmt und unterscheidet sich vom Zeitbegriff der Erwachsenen insofern, als diese besser in der Lage sind, zukünftige Geschehnisse vorauszusehen und die Befriedigung ihrer Bedürfnisse aufzuschieben. Der kindliche Zeitbegriff verändert sich je nach dem Entwicklungsstand des Kindes. Die Dauer einer Trennung von Eltern und Kind, die in einem bestimmten Alter eine schwerwiegende Unterbrechung kontinuierlicher Beziehungen darstellt, kann in einem anderen Alter weniger ins Gewicht fallen.

§ 10.6 Die am wenigsten schädliche Alternative

Die am wenigsten schädliche Alternative wird durch jene Maßnahmen zur Unterbringung des Kindes bestimmt, die unter Beachtung des kindlichen Zeitbegriffs, die Chancen des Kindes erhöhen, erwünscht und geschätzt zu sein (§ 10.2), und die Möglichkeit eröffnen, eine unbedingte dauerhafte Beziehung mit wenigstens einem Erwachsenen herzustellen, der für das Kind die psychologische Elternrolle (§ 10.3) übernimmt oder übernehmen wird.

Artikel 20 Die Erstunterbringung

§ 20 Unterbringung des Kindes

Mit der Geburt wird das Kind bei seinen biologischen Eltern (§ 10.1) untergebracht. Wenn nicht andere Erwachsene die Rolle der psychologischen Eltern (§ 10.3) übernehmen bzw. erhalten, ist davon auszugehen, daß die biologischen Eltern diese Rolle erfüllen.

Artikel 30 Unterbringungswechsel

§ 30.1 Staatliche Maßnahmen zur Verminderung der Zerstörung von Bindungen

Aufgabe der staatlichen Maßnahmen ist es, die Zerstörung bestehender Beziehungen zwischen einer psychologischen Elternperson (§ 10.3) und dem Kind auf ein Mindestmaß zu beschränken. Die Kindesentwicklung wird am besten durch langdauernde, beständige Gefühlsbindungen und durch stabile äußere Verhältnisse gefördert. Die Bedeutung der Dauer einer Beziehung und die Bedeutung eines Beziehungsabbruchs verändern sich je nach der Entwicklungsstufe des Kindes.

§ 30.2 Intervenient

Ein Intervenient ist jeder (einschließlich Staat, staatliche Institutionen, biologische Eltern und andere), der versucht, eine bestehende Beziehung zwischen psychologischen Eltern (§ 10.3) und Kind zu unterbrechen, oder der nach Entwicklungsmöglichkeiten für eine solche Beziehung sucht. Bei derartigen Interventionen muß das Gericht unter möglichen Entscheidungen diejenige treffen, die dem Kind am wenigsten schadet (§ 10.6).

§ 30.3 Beweislast des Intervenienten

Es wird vermutet, daß ein Kind in seiner bisherigen Pflegestelle erwünscht und geschätzt wird (§ 10.2). Wenn der Intervenient eine anderweitige Unterbringung anstrebt, hat er zu beweisen – außer bei Sorgerechtsstreitigkeiten in Scheidungs- oder Trennungsverfahren – daß

1. das Kind nicht erwünscht und nicht geschätzt ist *und* daß
2. die bisherige Unterbringung des Kindes nicht die am wenigsten schädliche Alternative (§ 10.6) darstellt.

Bei Sorgerechtsstreitigkeiten in Scheidungs- oder Trennungsverfahren muß der Intervenient (d. h. der Erwachsene, der das Sorgerecht begehrt) beweisen, daß die Sorgerechtsübertragung auf ihn die am wenigsten schädliche Alternative (§ 10.6) wäre.

§ 30.4 Die Parteifähigkeit des Kindes

Wenn ein Intervenient einen Wechsel der Unterbringung des Kindes anstrebt, soll das Kind den Status einer Prozeßpartei erlangen. Das Kind soll von einem eigenen Anwalt vertreten werden.

§ 30.5 Endgültige und bedingungsfreie Entscheidung

Jede Unterbringung eines Kindes soll endgültig und an keine Bedingungen geknüpft sein, die Gerichte sollen keine Oberaufsicht über Eltern-Kind-Beziehungen ausüben oder Regelungen, wie z. B. das Besuchsrecht, treffen bzw. durchsetzen.

§ 30.6 Rechtzeitige Verhandlungen

Die Gerichtsverfahren, einschließlich der Rechtsmittel, sollen so beschleunigt durchgeführt werden, wie sich mit verantwortungsbewußtem Urteilen vereinbaren läßt. Das Gericht soll unter

Berücksichtigung des besonderen Zeitbegriffs des Kindes (§ 10.5) einen Zeitplan für Beweisaufnahme, Urteilsverkündung und Berufungsverhandlung aufstellen. Dieser Zeitplan soll allen Parteien ein Höchstmaß an Chancen geben, ihre Ansprüche vorzutragen, zugleich aber die Unterbrechung der Eltern-Kind-Beziehungen (§ 30.1) auf ein Mindestmaß beschränken.

Vierter Teil

Die Überprüfung unserer Voraussetzungen

VIII.

Warum verdienen die Interessen des Kindes den Vorrang?

Einige werden nun behaupten, die in diesem Buch vorgetragenen Ansichten seien so kindorientiert, daß darüber die Bedürfnisse und Rechte von Erwachsenen vergessen werden. Wer dies meint, geht jedoch fehl. Wir beziehen keineswegs einen einseitigen Standpunkt mit unserer Forderung, den Kindesinteressen dann den Vorrang einzuräumen, wenn über die Unterbringung eines Kindes vor Gericht gestritten wird. Die Offenheit unseres Standpunkts ergibt sich daraus, daß ein die Kontinuitätsrichtlinie befolgendes Rechtssystem auch die Rechte von Erwachsenen, die eine Elternrolle erfüllen, zu schützen hat, ihre Kinder frei von staatlicher Einmischung erziehen zu können und frei von Störungen enttäuschter Erwachsener, deren Klagen vom Gesetz gestützt und begünstigt werden. Selbstverständlich sind im Falle von Straffälligkeit, Vernachlässigung, böswilligem Verlassen und Kindesmißhandlung alle Eltern staatlichem Eingriff ausgesetzt. Diese Feststellung impliziert aber nicht, daß das Recht adäquate Maßstäbe für solche Situationen entwickelt hätte.[77] Die Forderung, eine zwischen dem Kind und seiner psychologischen Elternperson bestehende Beziehung nicht zu stören, beinhaltet gleichzeitig den Schutz des Erwachsenen vor staatlichen Eingriffen, die im Namen eines anderen Erwachsenen erfolgen.

Dieses Buch hebt hervor, daß bei der Unterbringung eines Kindes ganz auf die psychische Situation und die jeweiligen Bedürfnisse des Kindes abzustellen ist. So einfach diese Regel klingt, so schwer ist unter Umständen ihre Anwendung, selbst dann, wenn für die Interessen des Kindes genügend vorgetragen wurde. Es wird oft außer acht gelassen, daß die Gesetze von Erwachsenen zum Schutz der Rechte von Erwachsenen gemacht sind.[78]

Erwachsene haben tief eingewurzelte, irrationale Vorbehalte gegenüber dem Vorrang der kindlichen Bedürfnisse. Vor diesen ambivalenten Gefühlen kann man sich, wenn Streit über die Kindesunterbringung entstanden ist, nur durch die Befolgung klarer und zwingender Prioritäten schützen. Aufgrund ihrer verstandes- und gefühlsmäßigen Rücksicht auf Kinder können Erwachsene vielleicht ihre Vorbehalte modifizieren, nicht aber überwinden. (In ähnlicher Weise können positive und liebevolle Gefühle, die ein Erwachsener im Übermaß ausdrückt, ein Kind unnötig belasten.) Sobald ein Kind zwischen widerstreitende Interessen von Erwachsenen oder deren Institutionen geraten ist, gibt es zahllose versteckte Wege, auf denen solche irrationale, negative Einstellungen zum Ausdruck kommen. Erwachsene reagieren mit diesen negativen Einstellungen auf die Ansprüche, widersprüchlichen Verhaltenstendenzen und regressiven Einflüsse des Kindes. Vor allem sind diese destruktiven Einstellungen Ausdruck des antizipierten Bewußtseins der Eltern, daß eines Tages ihre Stelle von den Kindern eingenommen wird. Erwachsene überall auf der Welt sehen in Kindern die Repräsentanten sowohl ihrer Sterblichkeit als auch ihrer Unsterblichkeit.

Gerichtsentscheidungen werden von Richtern getroffen, die – wie andere Menschen auch – dazu neigen, Personen für die von ihnen gewollten Handlungen verantwortlich zu machen, und sich mitfühlend zu verhalten, wenn jemand gegen seinen Willen zu Handlungen durch Umstände gezwungen wurde, auf die er keinen Einfluß hatte.

Ein Richter wird sich von den Argumenten eines Anwalts des Kindes leichter überzeugen lassen und gegen biologische Eltern entscheiden, die das zuvor von ihnen willentlich und wissentlich verlassene Kind beanspruchen. Gleiches wird in den Fällen gelten, wo die biologischen Eltern eine Adoption nach vielen Jahren rückgängig machen wollen. Man könnte hier argumentieren, daß sich der Kläger den Verlust des Kindes schließlich selbst zuzuschreiben hat.

Wenn die biologischen Eltern aber ihr Kind unfreiwillig verlassen mußten, wird der Richter, ungeachtet der kindlichen Bedürfnisse, völlig anders entscheiden. Er wird die Eltern als unschuldige Opfer eines Krieges, einer Krankheit oder einer sonstigen Form höherer Gewalt betrachten. Ein hervorstechendes Beispiel hierfür sind die jüdischen Eltern in Holland, die nach dem Ende des 2. Weltkrieges aus den Konzentrationslagern zurückkehrten und ihre Kinder zurückverlangten. Sie hatten ihre Kinder nichtjüdischen Landsleuten anvertraut und sehnten sich nun nach einem Wiedertreffen. Viele dieser Kinder hatten sich von ihren biologischen Eltern entfremdet und waren mit ihren Pflegefamilien innig verbunden. In solch tragischen Fällen hat man nur die

Wahl, entweder dem Kind, das von seinen psychologischen Eltern weggerissen wird, unerträgliche Not zu bereiten, oder den bereits genug gequälten Erwachsenen, die nach dem Verlust ihrer Freiheit und ihres materiellen Besitzes auch ihr Kind verlieren sollen, noch weitere Not zu bereiten.

Das holländische Parlament beschloß damals, alle Kinder ihren biologischen Eltern zurückzugeben; damit waren die Gerichte von einer Entscheidung im Einzelfall entbunden. »Am Ende des Krieges waren in diesem Land etwa 4500 jüdische Kinder versteckt. Beide Eltern bzw. ein Elternteil von etwa 2500 dieser Kinder überlebten den Krieg; wie vom Gesetz vorgeschrieben, wurden diese Kinder ihren Eltern zurückgegeben. Von den restlichen 2000 Kindern waren die meisten bei Mitgliedern der eigenen Familien untergekommen, aber etwa 360 Kinder waren nichtjüdischen Pflegeeltern anvertraut worden; in diesen Fällen kam es zu heftigen Streitigkeiten, von denen sich einige über viele Jahre hinzogen.

Es gab deshalb in aller Regel keine rechtlichen Konflikte zwischen den ›beiden Arten von Eltern‹. Selbstverständlich traten emotionelle Schwierigkeiten auf, als die Kinder zu ihren natürlichen Eltern zurückkehrten.«[79] Die Gerichte werden freilich immer wieder in Unterbringungsstreitigkeiten mit ähnlichen Problemen konfrontiert, die zwar nicht weltweites Aufsehen erregen, doch nicht weniger tragisch sind. Für diejenigen, die bei einer streitigen Kindesunterbringung zu entscheiden haben, verdeutlichen die Richtlinien Reihenfolge und Komplexität möglicher Maßnahmen.

Richter Baltimore, ein unerschütterlicher Kämpfer für die Interessen des Kindes, zeigt wie schwierig und schmerzhaft eine Entscheidung im folgenden Fall ist:

Trotz meines tiefen Mitgefühls für Erwachsene, die Tragisches durchlebt haben, meine ich, daß der hier zu entscheidende Fall – obwohl er schwieriger ist – nicht anders beurteilt werden kann als faktische Adoptionen. Die Entscheidung des Gerichts ist, gleichgültig zu welchem Ergebnis sie kommt, von großer Härte begleitet. Sie kann die biologischen Eltern treffen, die schon genug unter Armut, mangelhafter Schulbildung, Krankheit, Vorurteilen, der eigenen Ambivalenz, usw. zu leiden hatten, und denen jetzt ihr Kind versagt wird, sie kann aber auch das Kind treffen, das von seinen psychologischen Eltern weggerissen wird, und sie kann schließlich die psychologischen Eltern treffen, denen das Kind, für das sie lange und aufopfernd gesorgt haben, genommen wird.

Wenn ich, gemäß meinem Eid, den staatlichen Auftrag zum Schutz der Interessen des Kindes erfülle, dann sind meine Entscheidungen zwar klar, aber nur selten treffe ich sie leichten Herzens. Ich darf mit meiner Entscheidung nicht die Beziehung des Kindes zu seinen faktischen Eltern stören. Genauer gesagt, ich muß den biologischen Eltern die Möglichkeit nehmen, die bisherige Unterbringung »ihres« Kindes in Frage zu stellen, wenn sie nicht beweisen können, daß »ihr« Kind vernachlässigt oder verlassen ist. So hart es für die biologischen Eltern scheint, ihr Stand vor Gericht ist nicht anders als der eines Fremden.

Als Richter muß ich die Gefühle, die Kindheitserlebnisse, meine Stellung als Vater und mein religiöser Hintergrund in mir hervorrufen, unberücksichtigt lassen. Diese Gefühle würden mich zwingen, das Kind den biologischen Eltern als Entschädigung für erduldetes Leiden zuzusprechen, aber die Richtlinie, die das Bedürfnis des Kindes nach Kontinuität unterstreicht, bewahrt mich davor.

Um zu dem eingangs aufgeworfenen Problem richterlicher Entscheidung zurückzukommen: Ich behaupte, daß die Entscheidung, die unter vorhandenen Alternativen die am wenigsten schädliche sucht, für alle Beteiligten den vorhersehbaren Nutzen vergrößert und den vorhersehbaren Schaden verkleinert. Bleibt die Beziehung des Kindes zu seinen faktischen Eltern unangetastet, so werden die Interessen möglichst vieler geschützt. Eine Begünstigung der biologischen Eltern wäre für das Kind und für die psychologischen Eltern unerträglich; eine Begünstigung des Kindes würde aber auch für seine psychologischen Eltern eine Begünstigung sein. Wenn den Interessen aller Menschen das gleiche Gewicht zukommt, dann muß sich die Waagschale zugunsten einer Nichteinmischung in die bestehenden Beziehungen neigen und nicht zugunsten der biologischen Eltern.

Es ist eingewendet worden, daß der obsiegende Erwachsene unter Schuldgefühlen leiden könnte, weil er das Kind einem anderen weggenommen hat, oder daß sich das Kind von seinen bisherigen Eltern im Stich gelassen fühlt. Es wäre aber unrealistisch, wollte man dem juristischen Verfahren die Fähigkeit zusprechen, den Einfluß solcher Unwägbarkeiten zu bestimmen.

Ich möchte nun denjenigen antworten, die nicht den Interessen der Kinder, sondern den Interessen der Erwachsenen den Vorrang einräumen möchten. Selbst wenn man dieser Ansicht folgte, stünden die Gerichte in den meisten Fällen vor der großen Schwierigkeit, feststellen zu müssen, wer denn nun, die biologischen oder die psychologischen Eltern, durch die Entziehung des Sorgerechts am stärksten beeinträchtigt wird, bzw. welcher der geschiedenen Elternteile größere Nachteile zu erdulden hat.

Ein Staat kann natürlich in Fällen äußerster Not, wie in dem holländischen Beispiel, auch einen anderen Weg beschreiten. Wenn Eltern zum Verlassen ihrer Kinder gezwungen wurden, könnte ihnen ein Vorrecht auf die Wiedererlangung des Sorgerechts zuerkannt werden. Der Staat wäre dann verpflichtet, diese Eltern bei der Suche nach ihren Kindern zu unterstützen. Man könnte die Meinung vertreten, daß jede andere Entscheidung die ethischen Grundsätze einer zivilisierten Gesellschaft verletzen würde, gleichviel welches die Bedürfnisse und die Situation des Kindes im einzelnen auch sein mögen.

Nach Überprüfung der verschiedenen Argumente, komme ich auf die Richtlinien zurück, die meine Entscheidungen geleitet haben. Ich bin weiterhin davon überzeugt, daß die Gesellschaft insgesamt jede Unterbringung eines Kindes zum Anlaß nehmen muß, zukünftige Generationen von Kindern zu schützen, indem die Zahl derjenigen, die einmal gute Eltern sein könnten, vergrößert wird. Nur in der Verwirklichung dieser Politik liegt eine wirkliche Chance, den Kreislauf von Krankheit und Elend zu durchbrechen, den jede Generation von Erwachsenen der nachfolgenden hinterläßt, weil ihnen als Kindern die am wenigsten schädliche Alternative vorenthalten wurde.

Spiros Simitis

Das »Kindeswohl« – neu betrachtet

Fast vierzig Jahre ist es her, seitdem der Guardianship of Infants Act die Verpflichtung der englischen Gerichte unmißverständlich formulierte, sich bei all ihren Überlegungen und Entscheidungen vom Kindeswohl leiten zu lassen.[80] Ähnlich dezidierte gesetzgeberische Aussagen sind gewiß nicht die Regel. Doch zählt deshalb das Bekenntnis zum Vorrang des Kindeswohls nicht zu den Besonderheiten einiger weniger Rechtsverordnungen. Im Gegenteil, kaum eine andere Formel vermag vergleichbar überzeugend Universalität für sich zu beanspruchen. Gesetzgeber und Gerichte haben im Laufe der letzten Jahrzehnte nahezu ausnahmslos mit einer fast penetranten Konstanz ihre Bereitschaft betont, sich stets nach dem Kindeswohl zu richten. Im Namen des Kindeswohls bemühte sich der Gesetzgeber in der Bundesrepublik, einen großen Teil des verfassungsrechtlich defizitären Familienrechts zu korrigieren, und meinte der französische Gesetzgeber, überlieferte Diskriminierungen wie die zwischen Ehebruchs- und inzestuösen Kindern einerseits und den restlichen nichtehelichen Kindern andererseits nicht mehr tolerieren zu können. Um des Kindeswohls willen wurden auf nationaler und internationaler Ebene Forderungen formuliert, die schließlich zu einem radikalen, noch immer nicht abgeschlossenen Reformprozeß der geltenden adoptionsrechtlichen Bestimmungen führten. Am Kindeswohl orientiert sich endlich auch jene immer heftigere Kritik an zentralen, traditionellen Begriffen des Familienrechts. Von der »Gewalt« der Eltern mag niemand mehr sprechen,[81] und wo bis noch vor kurzem die Rede von unantastbaren elterlichen Privilegien war, beeilt man sich zu versichern, daß selbstverständlich nur strikt pflichtgebundene Rechte zur Diskussion stünden, »droits-fonction«, wie sie die französische Literatur schon vor langer Zeit genannt hat.[82] Vergessen sind Bestimmungen, die, wie Art. 374 des französischen code civil, das Kind streng an das väterliche Haus binden und überdies Respekt und Ehrerbietung fordern (Art. 371). Alle Aufmerksamkeit richtet sich augenscheinlich auf das Bestreben, das Kind auch rechtlich als selbständige Person anzuerkennen, mit besonderen, eigenen Interessen, die nicht minder Schutz und Beachtung verdienen als die aller anderen Familienmitglieder. Nichts ist wahrscheinlich kennzeichnender dafür als der Gedanke einer fortschreitenden »Verflüchtigung« der elterlichen Sorge und einer zunehmenden »Grundrechtsmündigkeit«.[83]

Kurzum, die weit verbreiteten und überdeutlichen Hinweise auf die Notwendigkeit, das Kindeswohl zu berücksichtigen, signalisieren die Bereitschaft der einzelnen Rechte, das Kind als Subjekt wahrzunehmen, seine Individualität zu respektieren, wenngleich in überaus unterschiedlichem Maß und aus recht verschiedenen Gründen. Doch sollte man sich davor hüten, vorschnell nationale Besonderheiten zu diagnostizieren, um dann auch die damit verbundenen Überlegungen bestenfalls mit der Neugierde des unbeteiligten Außenstehenden zur Kenntnis zu nehmen. Wo man zunächst nur partikuläre Aspekte bestimmter Rechte zu sehen meint, zeigt sich sehr bald, daß es um Fragen geht, die keineswegs an die Grenzen einer spezifischen Rechtsordnung gebunden sind und deshalb auch nur die von ihren Regeln Betroffenen interessieren.

Drei Beispiele dafür: Eine Diskussion über Vor- und Nachteile einer gesetzlich geregelten Probezeit für Adoptionen hat, so scheint es, nur dort einen Sinn, wo bereits entsprechende Bestimmungen vorliegen. Schon die ständig wachsende Zahl der Adoptionsrechte, die sich für eine solche Probezeit entscheiden, spricht dagegen. Vorschriften, wie sie sich mittlerweile im britischen, niederländischen und französischen Recht, aber auch im Europäischen Adoptionsübereinkommen[84] finden, weisen auf eine internationale Tendenz hin, das Kind den Adoptionseltern zunächst einmal nur voläufig zu überlassen. Und selbst dann, wenn wie in der Bundesrepublik gesetzliche Vorschriften fehlen, stellt die Wartezeit kein bloß theoretisches Problem dar. Was der Gesetzgeber vermieden hat, setzen die Adoptionsvermittlungsstellen durch. Die Frist beträgt durchschnittlich ein Jahr und hält sich damit durchaus im Rahmen der Vorstellungen anderer Rechte.[85] Kein Wunder, wenn die jetzt vorgeschlagene Reform des Adoptionsrechts diese Praxis aufgreift (§1744 BGB) und von einer »angemessenen« Zeit spricht. Weiter: Während einzelne nordamerikanische Rechte sich mit einer Vernachlässigung oder Verwahrlosung des Kindes begnügen, um das elterliche Sorgerecht zu entziehen, und Art. 284 des schweizerischen Zivilgesetzbuches noch etwas allgemeiner von der dauernden Gefährdung des Kindes spricht, verlangt § 1666 BGB einen Mißbrauch der elterlichen Gewalt. Gewiß, die Unterschiede in den Formulierungen sind nicht zufällig. In der Wortwahl spiegelt sich eine ganz bestimmte Vorstellung von der Position der Eltern wider. Je ausgeprägter ihre Vorrechte, desto geringer die Bereitschaft, sich mit der objektiven Gefährdung zu begnügen. Erst der subjektiv begründete Vorwurf rechtfertigt den Eingriff in das elterliche Sorgerecht. Die unterschiedliche Terminologie drückt freilich längst keine sachliche Differenz mehr aus. Auch für die Gerichte in der Bundesrepublik kommt es ausschließlich darauf an, ob sich das Kind im konkreten Fall in einer für seine weitere Entwicklung gefährlichen Situation befindet. Nach der Schuld der Eltern wird nicht mehr gefragt. Und wer noch Zweifel an der Vereinbarkeit einer solchen Lösung mit dem Gesetz hat, erhält die beruhigende Auskunft, daß, wenn schon eine Gefährdung vorliegt, es doch wohl keine Schwierigkeiten bereiten dürfte, auch ein Verschulden zu konstruieren.[86] Gleichviel jedoch, ob sich der Gesetzgeber offen für einen objektivierten Ansatzpunkt entscheidet oder die Gerichte nachträglich den Gesetzeswortlaut durch eine gezielte Interpretation korrigieren, aus der Perspektive des Kindes stellt sich in jedem dieser Fälle die Frage, nach welchen Kriterien Maßnahmen getroffen werden sollen, die seine Zukunft so weit wie möglich vom traumatischen Erlebnis versagender elterlicher Sorge freihalten. So notwendig der Eingriff in das Sorgerecht auch sein mag, die Alternative zu der bisherigen, nicht mehr akzeptablen Regelung bestimmt letztlich, ob die Intervention dem Kind wirklich zum Vorteil gereicht. Keine Rechtsordnung bietet dafür aber mehr als die fragmentarischen, oft sogar widersprüchlichen Ansatzpunkte gerichtlicher Kasuistik. Keine kann es sich deshalb leisten, Überlegungen, die darauf abzielen, nicht zur Kenntnis zu nehmen, und zwar ohne Rücksicht darauf, ob ihr äußerer Anlaß eigene oder fremde Vorschriften sind.

Schließlich: Traditionelles Familienrecht vermag in der Regel mit Bemerkungen zur Pflegekindschaft wenig anzufangen. Zumindest solange der von den klassischen Kodifikationen bestimmte Rahmen das Diskussionsfeld absteckt, bleibt die Pflegekindschaft ein mißtrauisch betrachteter Fremdkörper. Den Interessen des Kindes sei, so hieß es lange Zeit, durch die Adoption hinreichend entsprochen.[87] Zusätzliche Regelungen könnten nur unnötige Komplikationen zur Folge haben. Erst die Zunahme jener Vorschriften, die den gleichsam öffentlich-rechtlichen Teil des Familienrechts bilden, schuf die Voraussetzungen für die rechtliche Anerkennung der Pflegekindschaft. Gerade diese für das deutsche und schweizerische Recht beispielsweise kennzeichnende Rubrizierung hat bis heute eine gemeinsame Betrachtung aller mit der Unterbringung von Kindern verbundener Probleme weitgehend verhindert. Auch die unbestrittene enge Verbindung zwischen Pflegekindschaft und Adoption hat daran kaum etwas geändert. Trotzdem kann sich auf Dauer kein Familienrecht mit dem schlichten Hinweis begnügen, die Pflegekindschaft spiele sich in einem anderen, von vornherein durch staatliche Maßnahmen beherrschten Bereich ab. Wenn der immer wieder beteuerte Respekt vor dem Kindeswohl wirklich dazu führen soll, sich an den für die Entwicklung des Kindes maßgeblichen Konflikten zu orientieren, dann kann es zunächst einmal nur darauf ankommen festzustellen, wann jene spezifische mit der Unterbringung verbundene Gefahrenlage entsteht. Bestimmt ist es nicht ohne Bedeutung, inwieweit eine solche Unterbringung im Rahmen einer Adoption, einer Pflegekindschaft oder der Folgenregelung einer Scheidung erfolgt. Aber die Notwendigkeit, jede dieser Situationen getrennt rechtlich zu würdigen, berechtigt nicht dazu, die sich überall wiederholenden und für die weitere Entwicklung des Kindes ausschlaggebenden Konflikte ebenfalls streng isoliert zu betrachten. Erst das Bewußtsein dieser Gemeinsamkeit erlaubt, Regelungskriterien zu formulieren, die sich ohne Rücksicht auf überkommene Klassifikationen nach den Interessen des Kindes richten.

Die Beispiele bestätigen deshalb, daß Diskussionen über Inhalt und Stellenwert des Kindeswohls, die sich ausschließlich an den Erfahrungen mit der eigenen Regelung orientieren, allenfalls der Stabilität dieser Vorschriften dienlich sind, nicht aber dem Kind selbst. In seinem Interesse liegt es vielmehr, jede neue Erfahrung aus dem Bereich des Kindschaftsrechts aufzugreifen, gleichviel ob davon primär die eigene oder eine fremde Rechtsordnung betroffen ist. Dies gilt zumal in der augenblicklichen Phase ungewöhnlicher legislativer Aktivität. Nie zuvor, sieht man einmal von der Epoche der großen Zivilrechtskodifikationen ab, hat sich der Gesetzgeber so intensiv mit dem Familienrecht beschäftigt. Der Anlaß ist schnell umschrieben: Es geht darum, den Interessen jener Familienmitglieder gerecht zu werden, deren Schicksal jahrzehnte-, ja jahrhundertelang vom Willen des Ehemanns und Vaters diktiert wurde. Wo bislang die Rechtsordnung nur seine Familie wahrnahm, bemüht sie sich jetzt, jedes einzelne Familienmitglied als Person ins Blickfeld zu rücken und zu respektieren. Gleichberechtigung der Frau und Beseitigung der Diskriminierungen des Kindes sind deshalb die Determinanten legislativer Tätigkeit.

Je mehr freilich die Zahl der Reformgesetze zunahm, desto deutlicher zeigte sich die Gefahr einer rein punktuellen Neuregelung. Reformen, wie sie bisher die Szene beherrschen, fördern ein fast schon zwanghaftes Schubladendenken. Noch einmal: Die Probleme lassen sich nicht dadurch lösen, daß man sich ausschließlich nach dem Etikett richtet und jeweils nur versucht für Adoptionen, nichteheliche Kinder, Scheidungsfolgen und dergleichen mehr eine in sich geschlossene Regelung vorzulegen. Auf diese Weise entsteht bestenfalls eine Anlage sorgfältig gepflegter Schrebergärten. Über kurz oder lang aber wird der Gesetzgeber sich nicht der Einsicht entziehen können, daß Familienrecht mehr sein muß als die schlichte Addition einzelner Normenkomplexe. Nicht von ungefähr nimmt mittlerweile die Zahl der offenen Widersprüche und der kaum noch zu überblickenden, aber längst nicht vollständigen Anpassungsvorschriften zu. Beides sind untrügliche Anzeichen mangelnder Gesamtkonzeption. Nur im Rahmen einer solchen Gesamtkonzeption bietet sich die Chance, über die Lage des Kindes in allen ihren relevanten Aspekten nachzudenken, ohne fortwährend gegen Sperrmauern scheinbar wasserdicht voneinander getrennter Institute zu stoßen. Dann kann auch ein Familienrecht entstehen, das, entsprechend den in diesem Buch formulierten Prinzipien, von der notwendigen Bindung des Kindes an eine Bezugsperson ausgeht und zu begreifen versucht, wie eben diese Kinder mit sich selbst und ihrer Umwelt fertig werden. Noch ist es nicht zu spät dazu. Denn noch stehen in den meisten Ländern Reformen bevor, die die Gefahren partikulärer Regelung eindämmen könnten. Die in der Bundesrepublik geplante Neuregelung des elterlichen Sorgerechts ist nur ein Beispiel dafür. Doch mit jedem Gesetz, das sich an das bisherige Verfahren hält, mindert sich die Wahrscheinlichkeit einer Gesamtkonzeption. Die Häufigkeit der gesetzlichen Regelung ändert nichts an der Schwerfälligkeit der Gesetzgebungsprozeduren. Zudem pflegt kein Gesetzgeber gerne das zu korrigieren, was er gerade normiert hat.

Appelle an den Gesetzgeber dürfen freilich nicht den Eindruck erwecken, als ginge es darum, die dominierende Stellung gerichtlicher Entscheidungen zu ändern. Die Illusion, Kodifikationen setzten Maßstäbe, die gleichsam nur noch abgelesen werden müßten, ist längst zerstört. Die Forderung, sich strikt an das Kindeswohl zu halten, mag noch so oft erhoben werden, darin dokumentiert sich aber allenfalls die Unfähigkeit des Gesetzgebers, bindende Handlungsanweisungen zu erteilen. Richter und Behörden agieren auf dem Hintergrund von Andeutungen, die zu präzisieren ihnen allein überlassen bleibt. Nicht umsonst ist das Kindschaftsrecht als Domäne richterlicher Ermessensentscheidungen bezeichnet worden.[88] Und so betrachtet, kann auch die Feststellung nicht verwundern, der Hinweis auf das Kindeswohl mache letztlich jede andere Regelung überflüssig.[89] Der Gesetzgeber gesteht die Begrenztheit seiner Möglichkeiten offen ein, und die Verantwortung wird dem Richter allein zugeschoben. Von der gesetzlichen Regelung ist keine Entlastung zu erwarten.

Man mißverstehe dies nicht. Gesetze werden deshalb nicht überflüssig. Nach wie vor hat der Gesetzgeber die fundamentale Aufgabe, den Rahmen zu bestimmen, innerhalb dessen sich die Position der einzelnen Familienmitglieder rechtlich erst zu aktualisieren vermag. Nicht von ungefähr haben selbst Rechte, denen man traditionellerweise Kodifikationsskepsis, wenn nicht -feindlichkeit nachsagt, eine gesetzliche Regelung des Familienrechts für unerläßlich angesehen. Und nirgends sonst ist die angeblich schroffe Alternative zwischen Richter- und Gesetzesrecht wahrscheinlich so deplaciert wie hier. Doch die gerade für das Kindschaftsrecht kennzeichnende Konfrontation mit einer Entwicklung, die sich letztlich jeder Schematisierung entzieht und damit zu einem hohen Individualitätsgrad jedes einzelnen Falles führt, zwingt den Gesetzgeber zu einer Abstraktion, die keinen anderen Ausweg zuläßt als die partielle Substitution legislativer durch richterliche Aktivität.

Nur wer die für das Kindschaftsrecht eigentümliche Verschränkung legislativer und richterlicher Tätigkeit sieht, vermag Regeln zu fomulieren, die dem Kind eine Chance zur Verwirklichung seiner Interessen bieten. Erst wenn es gelingt, die Aktivität beider zu erfassen, können Maximen für den Schutz der Kindesinteressen den für eine gesetzliche Regelung notwendigen theoretischen Hintergrund liefern, sich aber zugleich als handlungsleitende und handlungsbegrenzende Grundsätze für die Praxis erweisen. Deshalb versucht das vorliegende Buch, Prinzipien zu entwickeln, die die Bedeutung der gerichtlichen Entscheidungen ebenso in Rechnung stellen wie die Notwendigkeit einer legislativen Intervention.

II. Phasen der Interpretation

Das gleichsam universale, stereotyp wiederholte Bekenntnis zum Kindeswohl verdeckt freilich allzu leicht die Schwierigkeiten, denen sich die einzelnen Rechtsordnungen bei dem Versuch gegenübersehen, konkret zu formulieren, was unter den Kindesinteressen zu verstehen sei. Diese Schwierigkeiten sind weitgehend durch die unterschiedlichen, ja zuweilen diametral entgegengesetzten Perspektiven bedingt, die in zeitlicher Aufeinanderfolge die Interpretation des Kindeswohls geprägt haben, ohne daß die überholten durch die neuen auch wirklich abgelöst worden wären. Der einheitliche, geschlossene Eindruck, den man vor allem angesichts kodifizierten Kindschaftsrechts gewinnt, täuscht. Hinter der Normenfassade verbirgt sich ein Amalgam von Konzeptionen. Kein Wunder, wenn Widersprüche und Orientierungsschwierigkeiten nicht ausbleiben.

Denn soviel dürfte feststehen: Kindeswohl war, betrachtet man die Entwicklung seit den großen Kodifikationen des bürgerlichen Rechts, der Rechtsordnung niemals gleichgültig. Für die Redaktoren des schweizerischen Zivilgesetzbuchs zählt die Wahrung der Kindesinteressen ebenso selbstverständlich zu den fundamentalen rechtlichen Grundsätzen[90] wie beispielsweise für die Autoren der in der Bundesrepublik geplanten Reform des elterlichen Sorgerechts. Und auch in den Normen des BGB, gleichviel ob man die prinzipielle Bestätigung der väterlichen Gewalt oder die Mißbrauchsbestimmung des § 1666 nimmt, spiegelt sich die tiefe Überzeugung wider, den Belangen des Kindes voll Rechnung getragen zu haben.[91] In welcher Weise, läßt sich unschwer ermitteln.

Vorschriften, wie die bereits erwähnte Norm des code civil, die vom Respekt sprechen, den die Kinder ihren Eltern zu erweisen hätten, sind keineswegs nur ein ornamentaler Auftakt aller Äußerungen zum Kindschaftsrecht. Aus dieser von der Rechtsordnung ausdrücklich bekräftigten Respektserwartung erklärt sich die allgemeine Unterwerfung unter die väterlichen Anordnungen ebenso wie jene besondere Bestimmung, die es dem Vater erlaubte, vom Gericht zu verlangen, seine Autorität durch gezielte Maßnahmen zu stützen – ein Ersuchen, dem in Frankreich bis nach dem Zweiten Weltkrieg die Richter ohne jede Prüfung zu folgen hatten.[92] Was sich hier zeigt, ist ein Verständnis des Kindeswohls, das voraussetzt, die Interpretation der Kindesinteressen sei unantastbares Vorrecht der Eltern; nur sie könnten begreifen, was ihre Kinder brauchen; ihnen muß es deshalb auch überlassen bleiben, das Kindeswohl zu bestimmen. Der Staat kann unter diesen Umständen nur eine einzige Aufgabe haben, nämlich das elterliche Interpretationsmonopol zu sichern, Fremdeinflüsse abzuwehren und nicht etwa die elterliche Entscheidung anzuzweifeln oder gar zu substituieren. Diese Konzeption kommt im schweizerischen Recht deutlich zum Ausdruck, wo noch immer die Ansicht entschieden verteidigt wird, kein Gericht sei dazu befugt, die einmal verweigerte Einwilligung der Eltern in die vom minderjährigen Kind gewünschte Eheschließung zu ersetzen.[93]

Solange solche Auffassungen vorherrschen, stellt sich die Frage nach einer möglichen Priorität der Kindesinteressen erst gar nicht. Denn Kindesinteressen können nun einmal nicht anders formuliert werden, als es die Eltern tun. Konsequenterweise wurde deshalb nicht nur die Möglichkeit bestritten, die elterliche Einwilligung in die Adoption zu ersetzen; man zweifelte auch die Zulässigkeit der sich der elterlichen Kontrolle entziehenden Blankoadoptionen an.[94] Und es ist gleichfalls nicht minder folgerichtig, wenn sich die staatlichen Interventionen auf extreme Ausnahmesituationen beschränken, gleichsam auf Unglücksfälle, die von der Rechtsordnung nun einmal nicht übergangen werden können. Erst um die Jahrhundertwende glaubte der französische Gesetzgeber, die Regeln des code civil um Vorschriften zur Entziehung der väterlichen Gewalt ergänzen zu müssen. Dabei ging er streng kasuistisch vor. Letztlich bot sich dem Staat nur dann eine Eingriffsmöglichkeit, wenn sich der Vater am Kind verging. Und es bedurfte einer weiteren, sich über Jahrzehnte erstreckenden Entwicklung, bis durch die kontinuierliche Erweiterung der Fälle ein Stand erreicht wurde, der dem der übrigen Kodifikationen entsprach.

Die Situation änderte sich erst, als sich der Begriff des Kindeswohls aus der Exklusivität elterlicher Interpretation löste. Welches immer die Gründe dafür im einzelnen gewesen sein mögen – die gesellschaftliche Entwicklung des 19. und des beginnenden 20. Jahrhunderts weist viele Anlässe für Zweifel an der väterlichen Autorität auf –, der Staat nimmt nun für sich in Anspruch, zu bestimmen, was unter Kindesinteressen verstanden werden müsse. Zwar bleibt es bei der Feststellung, daß die Erziehung ein von der Rechtsordnung respektiertes Privileg der Eltern sei, doch wenn zugleich Vorschriften, wie etwa § 1 des Jugendwohlfahrtsgesetzes, ein Recht des Kindes auf Erziehung statuieren, so ist dies keineswegs inhaltsleere Deklamation. Der Staat, der ein solches Recht zusichert, meint zugleich auch angeben zu können, was denn die in Aussicht gestellte »leibliche, seelische und gesellschaftliche Tüchtigkeit« ausmache, wie also die Entwicklung des Kindes im einzelnen verlaufen müsse.

Die sich in solchen Bestimmungen ankündigende Verstaatlichung des Kindeswohls begründet seine Verrechtlichung und damit auch seine tendenziell uneingeschränkte Justiziabilität. Die schlichte Tatsache der biologischen Elternschaft reicht nicht mehr aus, um elterliche Entscheidungen zu legitimieren. Sie müssen vielmehr zugleich dem vom Staate aufgestellten und fortschreitend verfeinerten Verhaltenskodex entsprechen. Die Berufung auf das Kindeswohl drückt insofern die Sicherheit aus, über die richtigen, d. h. der weiteren Entwicklung der Kinder förderlichen Maßnahmen befinden zu können. Die Multiplikation der Ersetzungsmöglichkeiten elterlicher Einwilligung ist nur ein Beispiel dafür. Was bislang den Eltern vorbehalten war, von der Zustimmung zur Adoption bis hin zur Eheschließung ihrer minderjährigen Kinder, gerät immer mehr zur gerichtlich nachprüfbaren Stellungnahme. Nur wo sich die elterliche Meinung mit dem vom Richter präzisierten Inhalt der Kindeswohlvorstellung deckt, vermag sie sich zu behaupten.

Nicht anders verhält es sich bei der Entziehung der elterlichen Sorge. Das Kind wird den Eltern weggenommen, weil sie es in einer Form erziehen, die sich nicht mit der von Staat und Gericht vertretenen Konzeption vereinbaren läßt. Wohl am deutlichsten tritt dies in der Formulierung in Erscheinung, daß es nicht darum ginge, den Eltern ein Verschulden nachzuweisen und sie deshalb zu bestrafen. Zur Debatte stünde einzig und allein die Sicherung des Kindeswohls.[95] Der Verzicht auf jegliches Schuldelement drückt die Zuversicht aus, die »Wohlfahrt« des Kindes selbst unzweideutig bestimmen zu können. Wohlgemerkt, an der Subsidiarität des Eingriffs ändert sich dadurch nichts, aber die Intervention spielt sich auf einem normativen Hintergrund ab, für den das Kindeswohl eine feste, jederzeit präzisierbare Größe ist. Elterliches Verhalten wird insofern immer dann zu abweichendem und deshalb korrekturbedürftigem Verhalten, wenn es den ohne Rücksicht auf die Einstellung der je spezifischen Eltern festgelegten Kriterien zuwiderläuft.

Die Sprache der Gerichte dokumentiert den Wandel in der Einschätzung elterlicher Entscheidungen. Eine »ordentliche« Erziehung wird ebenso nachdrücklich verlangt wie die Entwicklung »gesunder« Beziehungen. Interveniert wird mithin im Namen eines vorausgesetzten Konzepts, das diese Qualifikationen auch aufweist. Hier liegt der Grund dafür, daß die Gerichte es kategorisch ablehnen, die elterliche Einwilligung zur Adoption dann zu ersetzen, wenn das Kind eine »ordentliche« Erziehung genießt.[96] Mag das Gesetz einen Eingriff auch gestatten, er verbietet sich dort, wo sich die Eltern an das vom Staat und Gericht akzeptierte Erziehungsmodell halten. Und eben diese Gewißheit, Gutes von Bösem und Gesundes von Krankem sicher unterscheiden zu können, berechtigt auch dazu, mangelnde »Festigkeit« und »übertriebene Nachsicht« der Eltern zu ahnden.[97] Die Rigidität der für eine »richtige« Erziehung notwendigen Autorität mißt sich an einer von der Einstellung der individuellen Eltern abgehobenen, allgemeinen Erziehungsvorstellung, was denn auch den Anspruch auf Objektivierbarkeit und Justiziabilität der Autoritätserfordernisse begründet.

Die Verrechtlichung des Kindeswohls verleiht auch die für langfristige Prognosen erforderliche Sicherheit. Wer meint, beurteilen zu können, was alles zu einer ordentlichen Erziehung gehört, formuliert Maßnahmen, die nicht nur einen augenblicklichen Mißstand beheben, sondern die gesamte weitere Entwicklung des Kindes in bestimmte Bahnen lenken sollen. Die punktuelle Korrektur ist gleichsam stets auch Anlaß, die auf Dauer gerichteten Voraussetzungen für eine »richtige« Erziehung zu schaffen. Der Eingriff wird im Hinblick auf einen erwünschten Endzustand vorgenommen. Kurzum, je absoluter das Erziehungskonzept, desto geringer die Zweifel an der Fähigkeit, Verhaltensanweisungen zu erteilen, die die gesamte weitere Entwicklung des Kindes bestimmen sollen.

Wer freilich die Rechtsprechung aufmerksam verfolgt, weiß, wie schnell die Kindeswohleuphorie einer resignativen Einstellung gewichen ist. Richter und Gesetzgeber, die prätendieren, Kindeswohl genau definieren zu können, operieren auf dem Hintergrund einer jeden Zweifel ausklammernden Moral. Diese Moral vermittelt das notwendige Maß an Selbstsicherheit, um ohne Zögern die »Eignung« der Eltern und damit auch die Wahrung der Kindesinteressen beurteilen zu können. Dann bereitet es keine Schwierigkeiten, anzugeben, wo ein Übermaß an Toleranz zu rügen ist; dann versteht es sich von selbst, daß der erziehungsberechtigte Elternteil das Kind stets »positiv« auf den Besuch des anderen Elternteils vorzubereiten hat.[98] Und dann bedarf es auch keiner Diskussion, daß der Beziehung zu den natürlichen Eltern der unbedingte Vorrang gebührt. Je mehr sich allerdings an der gesellschaftlichen Entwicklung erweist, wie brüchig solche Vorstellungen sind, desto fragwürdiger erscheint auch der Anspruch, das Verhalten der Eltern an einem alleingültigen Erziehungskonzept messen zu können. Kein Wunder, wenn die Zweifel an der eigenen Fähigkeit, verbindliche Aussagen über die einzig richtigen Maßnahmen zu machen, ständig wachsen. In der vorsichtigen Formulierung des schweizerischen Bundesgerichts,[99] es könne nicht darum gehen, eine »Mustererziehung« sicherzustellen, spiegelt sich die allgemeine Unsicherheit und Skepsis. Die Zuflucht zu den Erkenntnissen anderer Wissensgebiete scheint sich als Ausweg anzubieten. Zwar suchen die Gerichte noch immer, in den schon klassisch gewordenen Worten des schweizerischen Zivilgesetzbuches, Respekt vor »bewährter Lehre und Überlieferung« ihren Entscheidungen zugrunde zu legen. Aber mehr und mehr werden nun auch die »fortschreitenden Erkenntnisse der Wissenschaft« berücksichtigt.[100] Gemeint ist freilich nicht mehr die eigene. Die Hoffnung richtet sich vielmehr auf all jene Wissenszweige, die sich mit der Entwicklung des Kindes beschäftigen. Sie sollen dazu verhelfen, die verlorengegangene Sicherheit wenigstens partiell wiederzugewinnen.

Deshalb trifft die von den Autoren des vorliegenden Buches erhobene Forderung, statt sich ständig auf das Kindeswohl zu berufen, nur noch von der für das Kind am wenigsten schädlichen Alternative zu sprechen, weder den Richter noch den Gesetzgeber unvorbereitet. Sie formuliert nur offen, was sich in der Wirklichkeit richterlicher Praxis schon lange abzeichnet; man ist bereit, darauf zu verzichten, die Entscheidungen so zu präsentieren, als gebe das Gericht vor, mit letzter Sicherheit bestimmen zu können, was denn das Wohl des Kindes genau verlange. Gewiß, gemessen an der noch immer dominierenden richterlichen Sprache, klingt die Formel von der am »wenigsten schädlichen Alternative« pessimistisch. Sie täuscht keine problemlose, eine optimale Entwicklung garantierende Zukunft vor, sondern stellt den Schaden, den das Kind bereits genommen hat und der seine gesamte weitere Entwicklung belasten wird, unmißverständlich fest. Wer eingreift, kann nicht vorgeben, das Tor zur heilen Welt aufzustoßen. Bestenfalls kann er nach Mitteln und Wegen suchen, die die ohnehin unvermeidliche Beeinträchtigung möglichst gering halten. Daß darauf allerdings nicht verzichtet werden darf, daß vielmehr alle Anstrengungen unternommen werden müssen, um dies zu garantieren, macht den konstruktiven Teil der Formel aus. Aus der Einsicht in die dem Gesetzgeber und den Gerichten gesetzten Schranken folgt nicht Untätigkeit und Apathie. Das Gericht verhilft mit seiner Entscheidung nicht der allein richtigen Erziehung zur Geltung, es signalisiert lediglich Not und wählt unter den möglichen Lösungen diejenige, von der es meint, daß sie am ehesten dazu verhelfen könne, die Not zu lindern. Die Nüchternheit der Zielvorstellung fußt auf der Verarbeitung psychoanalytischer Erkenntnisse. Diese entwicklungspsychologischen Einsichten liefern allerdings nicht die von manchem Juristen herbeigesehnten Patentrezepte. Im Gegenteil, die aus ihnen abgeleiteten Richtlinien akzentuieren nur die vorsichtige Zurückhaltung und verweisen die Hoffnung, absolut sichere, langfristige Prognosen abgeben zu können, klar in den Bereich der Spekulation.[101]

Sich mit dem beschränkten Wirkungsgrad rechtlicher Intervention abzufinden, heißt freilich nicht, die Entscheidungen in dem verbleibenden, zugegebenermaßen engen Rahmen dem puren Zufall überlassen. Die Formel von der am wenigsten schädlichen Alternative enthält mehr als nur die Abwehr gegen hochgespannte Erwartungen. In ihr konkretisieren sich Überlegungen – von der Notwendigkeit, die Achtung vor dem im Vergleich zum Erwachsenen andersartigen kindlichen Zeitgefühl in rechtlich verbindliche Regeln umzusetzen, bis hin zur Verpflichtung, die Kontinuität der Objektbeziehungen zu garantieren –, die deutlich machen, daß der unbedingte Vorrang der Kindesinteressen nicht bloße Wunschvorstellung, sondern durchaus realisierbarer Grundsatz ist, Nur, während bislang vom Kindeswohl als einer vorgeblich fixen, ein für allemal definierten Größe die Rede war, wird diese Kategorie hier offen als Problem formuliert.

III. Einzelfälle und Einzelprobleme

1. Die Möglichkeit, dank interdisziplinärer Kooperation konkrete Anhaltspunkte zu gewinnen, um die für das Kind am wenigsten schädliche Alternative zu ermitteln, beseitigt noch nicht die vorhandenen Widerstände gegen eine Priorität der Kindesinteressen. Gewiß, das Bekenntnis zum Kindeswohl vermittelt den Eindruck, als ob es keine Zweifel an einem solchen Vorrang geben könnte. Erst recht scheinen sie sich dort zu verbieten, wo, wie im schweizerischen Recht, noch sehr viel präziser gesagt wird, die Belange der Eltern, von denjenigen Dritter ganz zu schweigen, hätten zurückzutreten.[102] Doch der Eindruck täuscht. Mögen die Überlegungen zum Kindschaftsrecht auch mit solchen und ähnlichen Sätzen beginnen, sie enden zumeist mit einer Reihe von Vorbehalten, die den Vorrang der Kindesinteressen mehr oder weniger wieder in Frage stellen.

Diese Tendenz deutet sich schon in recht allgemeinen Formulierungen an, die auf den ersten Blick ebenso plausibel wie nichtssagend klingen: Vorhandene Bande sollten nun einmal nicht ohne Not zerschnitten werden, Aufgabe der Rechtsordnung sei es schließlich, für einen Interessenausgleich zu sorgen.[103] Wohl am schärfsten drückt aber jene unter Berufung auf die Verfassung konstruierte Konfrontation von Kindesinteressen und Elternrecht den Vorbehalt aus. Art. 6 des Grundgesetzes garantiere, so heißt es, nicht nur den Schutz des Kindes, sondern auch die Stellung der Eltern mit all ihren Auswirkungen auf die Beziehung zum Kind. Der Respekt vor seinen Belangen dürfe deshalb niemals dazu führen, die nicht minder deutliche verfassungsrechtliche Absicherung der Eltern zu mißachten.

Elternrecht nimmt hier eine eigenartige Form an. Keineswegs geht es um die von der Verfassung bewußt bejahte Priorität elterlicher Erziehung gegenüber dem Staat. Was vielmehr unter Berufung auf Art. 6 GG den Eltern zugestanden wird, ist das Recht, eigene Interessen durchzusetzen, und zwar ohne Rücksicht auf die Situation, in der sich das Kind befindet. Die Eltern erhalten um ihrer selbst willen ein Recht auf das Kind. Solche Bestrebungen sind, betrachtet man die Entwicklung des Familienrechts, gewiß nicht ungewöhnlich. Es genügt an das schon erwähnte Beispiel der elterlichen Einwilligung in die Eheschließung zu erinnern. Der Grund für die vom Gesetz geforderte Stellungnahme der Eltern wird keineswegs allein in der spezifischen Lage des minderjährigen Kindes gesehen oder gar in der den Eltern »geschuldeten Ehrerbietung«. Vielmehr geht es auch um die Absicherung »persönlicher Interessen«[105], die schon Demolombe in seinen Bemerkungen zu den entsprechenden Bestimmungen des code Napoléon so definiert hatte: »à ce qu'un mariage fâcheux ne crée pas des rapports d'alliance et de parenté tout à fait mal assortis.«[106] Ob und in welchem Umfang dahinter durchaus konkrete materielle Interessen stehen, was die Verfasser des code civil deutlich zu erkennen geben, spielt für den hier zur Diskussion stehenden Zusammenhang keine Rolle. Wichtig ist allein, daß Elternrecht mit Billigung der Rechtsordnung zum Instrument der Verwirklichung von Erwartungen wird, die sich ausschließlich auf die persönlichen Belange der Eltern gründen.[107] Insofern ist die Konstituierung eines eigenen Elternrechts eine wenigstens partielle Desavouierung der Kindesinteressen.

Auch wenn es keine sonderliche Mühe bereitet, der Geschichte des Familienrechts Beispiele für eine solche Einstellung zu entnehmen, folgt daraus keineswegs die Berechtigung, sie in die Verfassung hineinzuinterpretieren. Das Grundgesetz arrangiert nicht die Arena für einen Zweikampf zwischen Eltern- und Kindesrechten. Wenn es sich für den Schutz der Elternrechte ausspricht, so geschieht dies in der Überzeugung, damit den Kindesinteressen am besten zu dienen. Elternrechte sind, so gesehen, von vornherein strikt fremdnützig. Sie konkretisieren die dem Kind gegenüber bestehende Aufgabe und müssen sich deshalb permanent von den Kindesinteressen her legitimieren.[108]

Genau diese Überlegung gelangt auch in der vor allem im Rahmen des französischen Rechts vertretenen funktionalen Interpretation der Elternrechte zum Ausdruck.[109] Keines dieser Rechte kann losgelöst von seiner Funktion, der Verwirklichung der Kindesinteressen, gesehen werden und deshalb auch niemals dazu dienen, persönliche Belange der Eltern durchzusetzen. Die Funktion bestimmt die Grenzen, an die sich die Eltern bei ihrer Entscheidung zu halten haben. Kurzum, für einen Vorbehalt gegenüber dem Vorrang der Kindesinteressen ist kein Raum. Weitaus korrekter wäre es, davon zu sprechen, daß die Elternrechte nur solange den Schutz der Rechtsordnung beanspruchen können, wie sie den Belangen des Kindes Rechnung tragen. Soviel steht jedenfalls fest: die Priorität der Kindesinteressen setzt die Anerkennung der Fremdnützigkeit elterlicher Rechte voraus. Nur dann kann es auch gelingen, das Kind davor zu bewahren, als Objekt gesehen und behandelt zu werden. Und erst auf diesem Hintergrund haben Forderungen, die auf eine Wahrung der Kontinuität oder eine Anerkennung der psychologischen Elternschaft abzielen, eine reelle rechtliche Chance.

2. Von der generellen Feststellung, das Interesse des Kindes ginge jedem anderen vor, bis zu seiner Durchsetzung in den verschiedenen rechtlich relevanten Fallkonstellationen ist der Weg freilich noch weit. Mit jeder neuen Fallgruppe tauchen zusätzliche Schwierigkeiten auf, die sich letztlich nicht weniger hinderlich auswirken als die bereits erwähnten prinzipiellen Vorbehalte. Schon das Beispiel des Besuchsrechts geschiedener oder getrennt lebender Eltern ist bezeichnend genug. Die Autoren dieses Buches nehmen einen ebenso klaren wie überzeugenden Standpunkt ein. Über Möglichkeit und Einzelheiten des Besuches befindet ausschließlich der sorgeberechtigte Elternteil. Die Funktion der Gerichte erschöpft sich insofern in der Entscheidung über die elterliche Sorge.

Für die Bundesrepublik ist ein solcher Vorschlag nicht ganz überraschend. Immerhin enthält das gegenwärtig geltende Familienrecht Vorschriften, die genau in diese Richtung zielen. Doch betreffen sie ausschließlich nichteheliche Kinder. Nur in ihrem Fall steht dem Sorgeberechtigten das Recht zu, darüber zu entscheiden, ob der Vater Gelegenheit erhalten soll, das Kind zu besuchen. Fragt man allerdings nach den Gründen, so bekommt man in aller Regel Antworten, die eher für eine bewußte Diskriminierung des Vaters sprechen als für eine ausschließlich von den Interessen des Kindes her konzipierte Regelung. Genauer gesagt: Väter nichtehelicher Kinder eignen sich nach Ansicht der Verfasser des Gesetzes nicht dazu, elterliche Aufgaben wahrzunehmen; Verantwortung und Zuneigung blieben bei ihnen die Ausnahme; wo sie sich dennoch für das Kind interessierten, geschehe dies zumeist in querulatorischer Absicht oder gar, um sich der Mutter wieder zu nähern. Meinten sie es wirklich ernst, so hätten sie schließlich die Mutter geheiratet.[110] Das Entscheidungsmonopol des Sorgeberechtigten präsentiert sich insofern als konsequente Folgerung aus der gesetzlich gebilligten Vermutung der Unfähigkeit, ja Schädlichkeit des anderen Elternteils.

Kaum verwunderlich, wenn deshalb ähnliche Lösungen bei geschiedenen oder getrennt lebenden Elternteilen nicht einmal erwogen werden. Die Situation des Kindes mag äußerlich durchaus vergleichbar sein. Weder der Gesetzgeber noch die Gerichte stellen aber das Recht des nichtsorgeberechtigten Elternteils, sein Kind zu besuchen, in Frage. Sicherlich gibt es auch hier Schranken, die es dem Gericht erlauben, das Besuchsrecht in Ausnahmesituationen zu begrenzen oder gar zu entziehen. Doch steht es niemals zur Disposition des anderen Elternteils. Im Gegenteil, er hat alles zu unternehmen, um den Kontakt zu erleichtern. Unterläßt er dies oder versucht er gar, die Besuche zu vereiteln, so setzt er das ihm übertragene Sorgerecht aufs Spiel. An Entscheidungen, die dann von einer zur Entziehung berechtigenden Gefährdung des Kindeswohls sprechen, fehlt es jedenfalls nicht.[111]

Die Aufgabe der rechtlichen Regelung zeichnet sich mithin deutlich ab. Sie hat für die Aufrechterhaltung der Beziehung zum Kind dort zu sorgen, wo Scheidung oder Trennung zur Auflösung der Familie geführt haben. Denn die »Pflege der Familienbande dient ohne Rücksicht auf das Alter des Kindes dessen Wohl, von dem der sorgeberechtigte Teil sich bei der Erziehung leiten lassen, muß«.[112] Ob sich derjenige, der das Besuchsrecht geltend macht, kontinuierlich oder über Jahre hinweg gar nicht um das Kind gekümmert hat, fällt nicht ins Gewicht. Und auf den Widerstand des Kindes kommt es ebenfalls nicht an. Dieser muß notfalls mit physischer Gewalt gebrochen werden.[113]

Konsequenterweise haben denn manche Rechtsordnungen im Besuchsrecht kein Privileg des vom Kind getrennten Elternteils gesehen, sondern es auch den Großeltern zugestanden.[114] Und nicht minder folgerichtig erscheint es, wenn für die Gerichte Auseinandersetzungen zwischen den Eltern noch lange kein Grund sind, um das Besuchsrecht in Zweifel zu ziehen. Zerwürfnisse der Eltern sind gleichsam deren private Angelegenheit, die keinen Einfluß auf den Kontakt zum Kind haben darf.[115] Nur dann, so scheint es, kann es wirklich gelingen, dem betroffenen Elternteil die Möglichkeit zu geben, »sich vom körperlichen und geistigen Befinden seines Kindes und seiner Entwicklung durch Augenschein und gegenseitige Aussprache fortlaufend zu überzeugen und dem gegenseitigen Liebesbedürfnis Rechnung zu tragen«.[116]

Nicht von ungefähr sondert sich daher das Besuchsrecht immer deutlicher von den übrigen Elternrechten ab. Was ursprünglich als selbstverständlicher Teil der elterlichen Sorge galt, verwandelt sich in ein eigenständiges »natürliches« Recht.[117] Damit entfernt es sich endgültig vom Kindesinteresse. Dem Besuchsberechtigten wird hier in Wirklichkeit ein Ausgleich für die Auflösung der Familie und den Verlust des Sorgerechts zugestanden. Seine persönliche Lage gibt den Ausschlag. Insofern ist das als »natürliches« Recht interpretierte Besuchsrecht das Gegenstück zu dem als Aufgabe verstandenen Sorgerecht. Sicherlich versäumt es keine Rechtsordnung, die Bindung an das Kindeswohl hervorzuheben. Doch ändert sich deshalb die Funktion des Besuchsrechts nicht. Die Belange des Kindes dienen lediglich dazu, im Konfliktfall einem Recht Grenzen zu ziehen, das von Anfang an den Interessen des besuchsberechtigten Elternteils Ausdruck verleiht. Eben diese Rücksichtnahme auf den betroffenen Elternteil erklärt auch die auffällige Renitenz gegenüber Eingriffen in das Besuchsrecht. Daß das Kind den Kontakt zum Vater ablehnt und ihn nach dem heilpädagogischen Gutachten auch nicht aus eigenem Antrieb suchen wird, weil es sich durch die Wiederverheiratung seines Vaters zurückgesetzt fühlt, fällt nach Ansicht des österreichischen Obersten Gerichtshofs[118] nicht ins Gewicht. Die Mutter muß dieser »unrichtigen« Einstellung bei »richtiger Auffassung ihrer Erziehungspflichten entsprechend entgegenwirken«. Und für die Äußerungen eines noch nicht vier Jahre alten Kindes, das zu seiner Mutter sagt, »Du bist nicht meine Mama, du bist eine Hexe« und zu deren jetzigem Mann »Du bist ein Krampus, pfui Deibel«, genügt der richterliche Hinweis auf die offensichtlich mangelnde Seriösität derartiger Bemerkungen von Kleinkindern, um ihnen jedwede Bedeutung bei der Beurteilung des Besuchsrechts abzusprechen.[119] Angst vor dem Besuch muß erst zum ernsten psychopathologischen Symptom werden, um Zweifel an der weiteren Ausübung des Rechts zu legitimieren. Restriktiver kann die Interpretation des Kindeswohls kaum ausfallen. Das Besuchsrecht wird solange aufrechterhalten, als die im Gesetz enthaltene Verklammerung mit dem Kindesinteresse nicht völlig außer acht bleibt. Je mehr sich aber der Akzent auf ein »natürliches« Recht verlagert, desto ungehemmter können solche Tendenzen sich auswirken. Nichts scheint vernünftiger als ein »natürliches« Recht resolut zu verteidigen, und zwar auch gegenüber Belangen, die unter anderen Umständen sehr viel eher und sehr viel nachdrücklicher beachtet zu werden pflegen.

Gewiß, das schlechte Gewissen gegenüber der sonst so emphatisch betonten Verpflichtung, sich der Kindesinteressen anzunehmen, ist nicht zu übersehen. Gesetzgeber und Gerichte scheuen keine Mühe, um Besuchsrecht und Kindesinteresse in Einklang zu bringen. Alle Eventualitäten werden beachtet. Schließlich könnte es durchaus sein, daß der Sorgeberechtigte plötzlich stirbt oder aus sonst einem Grund seiner Verpflichtung nicht mehr nachkommen kann. Dann aber würde sich der andere Elternteil auf einmal mit der ihm bislang vorenthaltenen Aufgabe konfrontiert sehen. Nichts scheint deshalb den Interessen aller Beteiligten besser zu entsprechen, als sich rechtzeitig darauf einzustellen. Das Besuchsrecht garantiert gleichsam den reibungslosen Übergang.[120] Doch über den langfristig vielleicht nötigen Wechsel des Sorgeberechtigten vergißt man, nach der konkreten Situation des Kindes zu fragen. Diese seine gegenwärtige Lage mit all ihren Implikationen ist es aber, die über seine weitere Entwicklung bestimmt, und nicht ein Ereignis, von dem niemand weiß, ob es auch wirklich eintreten wird. Auf diese konkrete, gegenwärtige Lage gilt es daher auch ausschließlich Rücksicht zu nehmen, wenn die rechtliche Regelung den Kindesinteressen Beachtung schenken soll. Solange sich freilich die Argumente für und wider das Besuchsrecht auf einer Abstraktionshöhe bewegen, die den Zugang zu den spezifischen, mit dem Kontakt zum nichtsorgeberechtigten Elternteil verbundenen kindlichen Konflikten von vornherein versperren, bleibt der Hinweis auf die Belange des Kindes folgenlos.[121]

Deshalb überzeugt auch der Versuch nicht, das Besuchsrecht mit der Überlegung zu rechtfertigen, dem Kind müsse es erspart bleiben, ohne Vater- oder Mutterbild aufzuwachsen. Nur der ständige Kontakt zu beiden Elternteilen könne dies auch nach Auflösung der Familie gewährleisten.[122] Im Prinzip ein durchaus plausibler Gedanke. Besuche des nichtsorgeberechtigten Elternteils sind nun einmal die unter diesen Umständen für das Kind am wenigsten schädliche Alternative. Doch ob das wirklich zutrifft, läßt sich allein unter Berücksichtigung der je spezifischen Bedingungen beurteilen, unter denen sich der Kontakt konkret vollzieht. Deshalb darf es auch keine grundsätzliche Entscheidung geben, die das Besuchsrecht erst einmal durchsetzt, um es dann möglicherweise später einzuschränken. Vielmehr muß sich allein aus der hic-et-nunc-Situation ergeben, inwieweit die Beziehung zum anderen Elternteil überhaupt aufrechterhalten werden kann. Die Interessen des Kindes verlangen nicht die abstrakte Anerkennung des Besuchsrechts, sondern seine sorgfältige kasuistische Prüfung. Dann aber kann es nicht Sache des Gerichts sein, den Kontakt zum anderen Elternteil mit staatlicher Autorität gleichsam zu verordnen. Die Entscheidung muß bei demjenigen bleiben, der dank der ständigen Beziehung zum Kind zu seiner zentralen Bezugsperson geworden ist. Niemand anders kennt die konkreten Lebensbedingungen des Kindes besser als der sorgeberechtigte Elternteil und kann sie daher nachhaltiger beeinflussen. Solange er den Kontakt zum nichtsorgeberechtigten Elternteil bejaht, wird er auch alles tun, um ihn zu begünstigen. Lehnt er ihn aber – aus welchen Gründen auch immer – ab, so bleibt die Beziehung zum Kind davon nicht unberührt. Der Konflikt erledigt sich nicht einfach dadurch, daß ein Gericht den vom Sorgeberechtigten nicht erwünschten Besuch rechtlich absichert, vielmehr belastet er dann um so nachhaltiger das Alltagsleben des Kindes. Die Konfliktbelastung aber in Kauf zu nehmen, widerspricht gerade jenen Gesichtspunkten, denen die Rechtsprechung selbst mehr und mehr Rechnung tragen will; sie betont immer wieder die Notwendigkeit einer stabilen Beziehung, weist auf die Belastung hin, die mit dem Besuch zwangsläufig verbunden ist, unterstreicht die Beeinflußbarkeit und Labilität von Kleinkindern und glaubt Störungen abwehren zu müssen, die sich als eine Gefährdung der Kontinuität in der Beziehung des Kindes zum sorgeberechtigten Elternteil erweisen könnten.[123]

Gerade die Entscheidungen des Bundesgerichtshofs zeigen, in welchem Ausmaß die Rechtsprechung sich der Grenzen ihrer Eingriffsmöglichkeit bewußt ist. In seiner wohl wichtigsten Stellungnahme[124] hatte sich das Gericht mit der Frage auseinanderzusetzen, ob und in welchem Umfang es zur Aufgabe der Rechtsprechung gehört, über die generelle Sicherstellung des Besuchsrechts hinaus auch die Einzelheiten seiner Ausgestaltung festzulegen. Im konkreten Fall ging die Intervention der sorgeberechtigten Mutter dahin, dem Vater das Besuchsrecht völlig zu entziehen. Als Grund führte sie vor allem die Anwesenheit der jetzigen

Frau ihres geschiedenen Ehemannes bei den Besuchen an. Zu dieser Frau habe der Vater schon während der früheren Ehe ehewidrige Beziehungen unterhalten. Das Amtsgericht beschränkte daraufhin das Besuchsrecht. Der Vater durfte fortan die Kinder nur in vierteljährlichem Abstand zu sich nehmen sowie an drei Feiertagen von 14 bis 18 Uhr, in den Sommermonaten allerdings nur in Abwesenheit seiner zweiten Frau. Doch dabei blieb es nicht, und zwar nicht nur weil sich der Vater gegen diese Einschränkung wehrte. Auch die Mutter fand sich nicht damit ab. Wenn schon ein Besuch nicht zu vermeiden sein sollte, dann, so meinte sie, wenigstens das ganze Jahr hindurch in Abwesenheit der jetzigen Frau des Vaters. Das Landgericht schloß in der Tat die zweite Ehefrau von den Besuchen aus. Sie habe, so führte das Gericht aus, die Ehe zerstört. Ein Umgang mit den Kindern könne deshalb nicht befürwortet werden. Der Bundesgerichtshof gab seine frühere Zurückhaltung gegenüber dem Versuch auf, den Gerichten auch die Befugnis zuzusprechen, das Besuchsrecht im einzelnen auszugestalten. Dies vor allem deshalb, weil die zwischen den Eltern bestehenden Meinungsverschiedenheiten die Gefahr erhöhten, daß sich der sorgeberechtigte Teil nicht allein vom Kindeswohl leiten ließe. Dem Gericht käme unter diesen Umständen die Funktion zu, korrigierend einzugreifen, einseitige Belastungen des Besuchsberechtigten also zu verhindern.

Offensichtlich geht es in dem geschilderten Fall bei der Auseinandersetzung um die Besuche beim Vater um eine Fortsetzung der ehelichen Streitigkeiten. In ihrer Verbitterung über die gescheiterte eigene Ehe versucht die Mutter, sowohl ihren früheren Ehemann als auch dessen jetzige Ehefrau zu treffen. Was unter dem Vorwand der moralischen Verurteilung des Ehebruchs vorgetragen wird, ist ein Kompensationsversuch für die erlittene Kränkung. Die Leidtragenden sind dabei die Kinder. Sie müssen nicht nur die fortgesetzte Konfrontation ihrer Eltern ertragen, sondern auch die Belastungen einer ständig wechselnden, eindeutig vom elterlichen Zwist diktierten Regelung der Beziehung zu ihrem Vater bewältigen. Gewiß kommt es, um mit dem Bundesgerichtshof zu sprechen, darauf an, einzig und allein den Kindesinteressen Rechnung zu tragen. Doch wird ihnen nicht durch eine der Mutter vom Gericht aufoktroyierte Lösung entsprochen. Die feindseligen Gefühle der Mutter sind damit nicht beschwichtigt. Im Gegenteil, die wiederholten Besuche sind Anreiz genug, den Streit mit dem Vater neu aufleben zu lassen. Wenn also, wie der Bundesgerichtshof selbst zugibt, feststeht, daß die Mutter immer wieder versucht sein wird, ihre persönliche Situation ins Spiel zu bringen, dann gilt es eine Lösung zu finden, die den Kindern diese zusätzliche Belastung erspart. Anders formuliert: hat man sich einmal dafür entschieden, die Kinder der Mutter zu überlassen, dann muß auch alles vermieden werden, was sich, über die Auflösung der Ehe hinaus, nachteilig auf sie auswirkt. Die einzig überzeugende Konsequenz aus der vom Bundesgerichtshof zutreffenden diagnostizierten Situation ist deshalb nicht eine intensivierte Intervention der Gerichte, sondern umgekehrt die Verpflichtung zur völligen Zurückhaltung. Noch einmal: Stetigkeit und Einheitlichkeit der Erziehung, Grundsätze, denen auch der Bundesgerichtshof den Vorrang einräumt, sind nur zu verwirklichen, wenn die Entscheidung über den Besuch beim sorgeberechtigten Elternteil bleibt. Man mag dies aus der Perspektive des anderen Elternteils bedauern. Man kann aber nicht umhin, eine Wahl zwischen seinen Interessen und denen des Kindes zu treffen. Mit einem Kompromiß ist es nicht getan. Er hat nur eine nicht mehr zu verantwortende Belastung des Kindes zur Folge.

3. Welche Hindernisse das gegenwärtig geltende Kindschaftsrecht noch überwinden muß, um der geforderten Priorität der Kindesinteressen Rechnung zu tragen, zeigt sich aber vor allem dann, wenn die Bezugsperson nicht zugleich auch einer der Elternteile ist. Keineswegs muß es sich dabei notwendigerweise um einen familienfremden Dritten handeln. Zum Konflikt kommt es, wie sich am Beispiel einer noch 1973 ergangenen Entscheidung des Oberlandesgerichts Frankfurt[125] erweist, selbst dann, wenn das Kind beim sorgeberechtigten Vater unter der Obhut der Großmutter aufwächst. Die Eltern des mittlerweile fünfjährigen Kindes hatten sich vor drei Jahren scheiden lassen. Für das Gericht bestand kein Zweifel an der stabilen Identifizierung des Kindes mit dem Vater, und es bestritt auch nicht die vom fachpsychologischen Gutachten hervorgehobene Tatsache, daß die Großmutter die mütterliche Rolle übernommen und sich zur eigentlichen Bezugsperson entwickelt hatte. Trotzdem schloß es sich nicht der im Gutachten formulierten Empfehlung an, das Kind, mit Rücksicht auf die Bedeutung der zur Großmutter entwickelten Beziehung, beim Vater zu lassen. Vielmehr erschien es dem Gericht angezeigt, die, wie es sich ausdrückte, »dominierende

Stellung der Großmutter« aufzulösen und das Sorgerecht der Mutter zu übertragen. Wenig später holte der von zwei Polizisten begleitete Gerichtsvollzieher das Kind gegen sieben Uhr morgens ab, um es zur Mutter zu bringen.[126]

Damit wurde seine bisherige Entwicklung und das Leben in einer ihm vertrauten Umwelt gewaltsam unterbrochen. Das Trennungserlebnis dürfte auf das Kind traumatisch gewirkt haben. Denn entwicklungspsychologische Erkenntnisse lassen vermuten, daß der schlagartige Abbruch der Beziehung zur Großmutter und der inzwischen befestigten Bindung an den Vater in der psychischen Strukturbildung des Kindes auch im Alter von bereits fünf Jahren schwere Schäden verursachen müsse. Daß bei dem Wechsel eine »fremde« durch eine »natürliche« Bezugsperson ersetzt wurde, mildert im Erleben des Kindes den schweren Verlauf nicht; für sein Gefühl ist die »natürliche« Bezugsperson, die jahrelang bestenfalls vorübergehend anwesende Mutter, »fremd«. Bei der Übertragung des Sorgerechts an den Vater war, da es sich um ein Kleinkind handelte, abzusehen, daß sehr bald eine neue Bezugsperson an die Stelle der Mutter treten würde. Deshalb hätten alle Anstrengungen darauf gerichtet sein müssen, einen erneuten Bruch zu vermeiden. Was vom Standpunkt des Kindes aus allein zählt, ist die psychologische, nicht die biologische Beziehung. Sie zu bewahren, mußte in den Überlegungen des Gerichts oberster Grundsatz sein, selbst wenn dies zu einer Entscheidung führt, die der biologische Elternteil als für ihn nachteilig empfindet. Die Priorität der Kindesinteressen ist mit der unwidersprochen hingenommenen Vermutung, Kinder seien bei ihren biologischen Eltern am besten aufgehoben, nicht vereinbar.

Daß den Gerichten solche Überlegungen keineswegs fremd sind, zeigen vor allem Entscheidungen zur Stellung der Pflegeeltern. So hat die schweizerische Rechtsprechung den Herausgabeanspruch der biologischen Eltern wiederholt mit der Begründung abgelehnt, das Kind sei mittlerweile am Pflegeort »verwurzelt«.[127] Seine Wegnahme würde deshalb zu einer ernsthaften, mit dem Elternrecht nicht zu vereinbarenden Gefährdung führen. Die Gerichte stellen sich damit eindeutig um des Kindes willen auf die Seite der psychologischen Eltern.

An den Fallkonstellationen läßt sich aber leicht ablesen, wo die Grenzen verlaufen, bis zu denen die Richter bereit sind, die Wünsche der biologischen Eltern hintanzustellen. Vorbehalte gegen die biologischen Eltern bestehen letztlich nur solange, wie ihnen Vernachlässigung, Lieblosigkeit, Desinteresse oder generelle Unfähigkeit, für das Kind zu sorgen, vorgeworfen werden können. Mit anderen Worten, die Waage beginnt sich erst dann auf die Seite der psychologischen Eltern zu neigen, wenn Gründe vorliegen, die auch sonst dazu berechtigt hätten, den biologischen Eltern das Sorgerecht abzusprechen. Die familienfremde Bezugsperson erhält also einzig in einer ausgesprochenen Notsituation den Vorrang, in der es in Wirklichkeit keine andere Wahl mehr gibt.

Deshalb überrascht es nicht, wenn dieselben Gerichte schuldlosen Eltern gegenüber den Tatbestand, die »Verwurzelung« eines Kindes, gar nicht mehr so ernst nehmen.[128] Die Chancen des Kindes, bei den Pflegeeltern bleiben zu können, sind verschwindend gering, sobald seinen biologischen Eltern der Nachweis gelingt, daß sie objektiv bislang nicht in der Lage waren, sich um das Kind zu kümmern, von nun an aber dazu willens und auch fähig seien. Die sonst so hoch bewertete Kontinuität der Beziehung gerät plötzlich in den Hintergrund. Wie lange das Kind schon bei den Pflegeeltern lebte, scheint keine relevante Frage zu sein. Der Wunsch auf seiten der »natürlichen« Eltern, die Beziehung zu ihrem Kind wieder anzuknüpfen, reicht völlig aus. In dieser entscheidenden Situation aber hätte sich zu erweisen, ob die Rechtsordnung auch wirklich bereit ist, den Kindesinteressen den unbedingten Vorrang einzuräumen.

Die Zurückhaltung der Gerichte erklärt sich freilich auch daraus, daß die rechtliche Beurteilung der Pflegekindschaft Entscheidungen zugunsten der Pflegeeltern überaus erschwert. Die Erinnerung an die Geschichte der Adoption drängt sich fast von selbst auf. Nur etwas mehr als hundert Jahre ist es her, seit sich der Verfasser des bündnerischen Zivilgesetzbuches weigerte, Vorschriften über die Adoption aufzunehmen, »damit nicht zu tief und nicht zu rigoros in die ziemlich rigorosen Begriffe unseres Volkes von der auf Blutsverwandtschaft beruhenden Kindschaft eingebrochen werde«.[129] Was sich damals in der Auseinandersetzung über die Adoption manifestierte, wiederholt sich jetzt bei der Pflegekindschaft. Mit jedem Versuch, die Stellung der Pflegeeltern zu verbessern, lebt der Konflikt mit den Rechten der biologischen Eltern in voller Schärfe wieder auf. Wohl scheint die Beziehung zum Kind auf einer soliden rechtlichen Grundlage zu beruhen, der vertraglichen Vereinbarung mit den Sorgeberechtigten. Doch dieser Vertrag, den man, um juristische Akribie bemüht, als Mischung von Dienst-, Werkvertrag und Miete bezeichnet, weist ein entscheidendes familienrechtliches Element auf. Den Pflegeeltern ist lediglich die Ausübung der Personensorge – und zwar jederzeit widerruflich – übertragen. Die Ambivalenz der Pflegekindschaft wird damit deutlich. Hält man sich strikt an die traditionelle Interpretation des Vertrages, dann kann niemand den Eltern oder jedem sonstigen Sorgeberechtigten verwehren, das Kind zurückzuverlangen, wann immer es ihnen wünschbar erscheint. Einwände könnten sich allenfalls aus einem möglichen Mißbrauch der elterlichen Sorge ergeben. Je länger jedoch die Bindung an die Pflegeeltern andauert, desto unerträglicher wird im Falle der Trennung die Situation für das Kind. Die für seine Entwicklung, für den schrittweisen Aufbau seiner psychologischen Struktur vorrangige psychische Bindung ist in Gefahr, die biologische an die Eltern längst zweitrangig geworden. Die für die Pflegekinder kennzeichnende Kontaktarmut, ihre gegenüber den in intakten Familien aufwachsenden Kindern niedrigere intellektuelle Leistungsfähigkeit sowie ihre schwächeren schulischen Leistungen[130] sollten Warnung genug vor den Konsequenzen sein, die unweigerlich aus ihrer gegenwärtigen Position resultieren.

Solange nun die Rechtsordnung den Kindesinteressen keine besondere Bedeutung beimißt, kann sie ein solches Ergebnis ohne weiteres hinnehmen. Sobald sie sich aber, wie es durchgängig geschieht, zum »Kindeswohl« bekennt oder sich gar für die Priorität der Kindesinteressen ausspricht, gerät sie mit der Billigung einer solchen Möglichkeit in Widerspruch zu den eigenen Prämissen. Mag der Vertrag formal den Standpunkt der Eltern durchaus dekken, ihre vertraglichen Rechte können nicht weniger unter dem Vorbehalt der Kindesinteressen stehen als jedes sonst das Kind betreffende Recht. Deshalb darf der Wunsch der biologischen Eltern nicht zeitlich uneingeschränkt rechtlich anerkennenswert sein. Die Grenze bestimmt das Kindesinteresse, genauer, Genese und Dynamik der neu entstandenen seelischen Bindung. Wohlgemerkt, es geht nicht um die Konsequenz eines wie auch immer näher zu qualifizierenden Mißbrauchs der elterlichen Sorge, sondern ausschließlich um die durch die spezifische Situation des Kindes bedingte Verwirkung der vertraglichen Rechte. Weil Gegenstand der vertraglichen Vereinbarung niemand anderes als das Kind ist, sind auch dessen Interessen der einzige legitime Maßstab für die Interpretation der mit dem Vertrag verbundenen Rechte und Pflichten. Die Lage der biologischen Eltern ist insofern nicht gleichbleibend, sie verändert sich mit dem Wandel der für die Entwicklung und psychische Gesundheit vitalen Bindungen des Kindes.

Aus dieser Perspektive betrachtet, erscheint auch der von den Autoren des vorliegenden Buches formulierte Gedanke einer faktischen Adoption, gleichsam eines fließenden Übergangs von der Pflegekindschaft zu einer allen rechtlichen Voraussetzungen genügenden Annahme durchaus plausibel. Die psychische Bindung gibt den Pflegeeltern de facto den Status der Adoptiveltern. Ihre Position ist nicht mehr den Schwankungen in der Einstellung der biologischen Eltern ausgeliefert. Gewiß ließe sich ein in mancher Beziehung vergleichbares Ergebnis auch durch eine Übertragung der Vormundschaft auf die Pflegeeltern erreichen. Doch spätestens bei der Frage, ob die Voraussetzungen dafür gegeben seien, würden genau die gleichen Probleme zum Vorschein kommen, die sich auch im Zusammenhang mit dem Konzept der faktischen Adoption andeuten. Die Entscheidung für oder gegen die Vormundschaft hängt letztlich von der Bedeutung der psychischen Bindung ab. Deshalb ist die Übernahme der Vormundschaft nur eine denkbare Konsequenz aus der veränderten Beziehung des Kindes zu seinen biologischen Eltern. Den entwicklungsbedingten Bedürfnissen des Kindes nach Stabilität und Kontinuität muß aber auf jeden Fall und unabhängig davon, ob die Pflegeeltern auch vormundschaftliche Befugnisse haben, entsprochen werden. Daher bleibt die sich in der Vorstellung einer faktischen Adoption konkretisierende, realistische Einschätzung der Bedeutung der psychischen Bindung an die Pflegeeltern eine unter allen Umständen notwendige Abschirmung gegen jeden Versuch, das Kind aus seiner vertrauten Umgebung herauszunehmen.

Diese Prinzipien müssen auch in den Fällen gelten, in denen die Eltern das Kind Dritten übergeben, ohne dabei eine ausdrückliche rechtliche Vereinbarung zu treffen. Wiederum stellt sich von einem bestimmten Zeitpunkt an zwangsläufig die Frage nach der im Hinblick auf die weitere Entwicklung des Kindes entscheidenden Beziehung. Auch hier kann es deshalb zum Konflikt zwischen den elterlichen Wünschen und den Kindesinteressen kommen. Und erneut vermag sich die Rechtsordnung nicht der Notwendigkeit zu entziehen, zwischen den verschiedenen möglichen Bezugspersonen zu wählen. Bleibt es aber beim Vorrang der Kindesinteressen, dann steht der Entscheidungsmaßstab einmal mehr fest: die Sicherstellung der für die weitere Entwicklung des Kindes erforderlichen Kontinuität seiner Beziehungen. Der Anspruch der Eltern muß infolgedessen auch in diesen Fällen hinter der mittlerweile etablierten und gefestigten psychischen Bindung des Kindes an seine gegenwärtige Bezugsperson zurücktreten.

Um so bedenklicher erscheint es, wenn die Interessen des Kindes sogar dort aufs Spiel gesetzt werden, wo eine wirksame Adoption vorliegt. Gemeint sind jene Fälle, in denen es Vorschriften – wie beispielsweise der § 1770b BGB –, den Vormundschaftsgerichten ermöglichen, die Adoption wegen fehlender Einwilligung der Eltern aufzuheben. Zwar heißt es, das Wohl des Kindes dürfte dadurch nicht »erheblich« gefährdet werden. Konkret bedeutet dies, daß dem elterlichen Antrag nicht entsprochen werden darf, wenn in der Zwischenzeit zwischen dem Kind und seinen biologischen Eltern eine völlige Entfremdung eingetreten ist. Doch nahezu jeder Kommentar beeilt sich hinzuzufügen, »normale« Umstellungsschwierigkeiten seien damit selbstverständlich nicht gemeint.[131] Wo die Grenze verläuft, ist ungewiß, zumal das Gesetz, das sich nicht mit einer einfachen Gefährdung begnügt, sondern eben doch mehr verlangt, in seiner Formulierung suggeriert, nur in extremen Ausnahmefällen sollten die Erwartungen der biologischen Eltern enttäuscht werden. Der Schwerpunkt verschiebt sich aber damit eindeutig zu deren Gunsten. In ihrem Interesse wird der durch die Adoption in Gang gesetzte Anpassungsprozeß unterbrochen und dem Kind eine erneute tiefgreifende Umstellung aller Lebensbezüge zugemutet. Nur wenn man die Dinge aus der Perspektive der Eltern betrachtet, mag man die Aufhebung der Adoption und nicht umgekehrt deren Aufrechterhaltung als Regelfall begrüßen. Mit den Belangen des Kindes wäre es allenfalls vereinbar, das Antragsrecht der Eltern nur innerhalb einer äußerst kurz bemessenen, an den Beginn der Adoption gebundenen Frist zuzulassen. Aber dies wäre schon eine Konzession, die mit der Forderung, im Sinne des Kindes für stabile Entwicklungsbedingungen zu sorgen, letztlich kaum übereinstimmt. Vorschriften, die derartige Eingriffe in die bereits erfolgte Adoption gestatten, widersprechen dem Kindesinteresse. Ihre Existenz dokumentiert den Widerstand gegen ein ausschließlich als Aufgabe verstandenes Elternrecht. An der Fähigkeit, diesen Widerstand zu überwinden – wofür nicht zuletzt die Bereitschaft ein Maßstab sein dürfte, den Gedanken der psychologischen Elternschaft zu akzeptieren –, wird sich erweisen, welche Bedeutung die Rechtsordnung den Kindesinteressen tatsächlich einzuräumen bereit ist.

4. Noch eine Bemerkung zur Adoption. Die Reformen der letzten Jahre sind durchaus im Zeichen der Kindesinteressen erfolgt.[132] Zuweilen haben es nationale, aber auch internationale Regelungen sogar für unerläßlich gehalten, die Priorität dieser Interessen ausdrücklich hervorzuheben.[133] Und unmittelbar im Zusammenhang damit steht auch die Tendenz, der Volladoption den Vorrang einzuräumen. Von ihr erwartet man eine noch bessere Eingliederung des Kindes in die Adoptionsfamilie. Sie soll die durch die doppelte Bindung entstehende Belastung beseitigen.

Je mehr sich jedoch das Kind von seiner ursprünglichen Familie löst, um in die neue integriert zu werden, desto weniger meint man, auf eine Probezeit verzichten zu können. Zwar gehen die Vorstellungen über den erforderlichen Zeitraum erheblich auseinander, aber über die Wünschbarkeit einer solchen Frist besteht Einigkeit. Als Argument werden die Gefahren einer überstürzten Bindung genannt, ebenso wie die im Interesse des Kindes erforderliche Bewährung der potentiellen Adoptiveltern.

In der Forderung nach einer möglichst gesetzlich geregelten Probezeit spiegelt sich offenbar der Wunsch wider, sich vor jeder Adoption gründlich von der Eignung der Annehmenden zu überzeugen. Überhaupt ist für die Entwicklung des Adoptionsrechts die Tendenz kennzeichnend, immer neue und umständlichere Verfahren einzuschalten, um die Chancen für eine möglichst sichere Prognose der weiteren Entwicklung des Kindes im Falle einer Adoption zu erhöhen. Wo die elterliche Bindung von der administrativen Sanktionierung abhängt, ist maximale Gewißheit über die Eigenschaften aller Beteiligten scheinbar unabdingbare Voraussetzung.[134] Aus der Perspektive des Kindes kann es zunächst einmal nur willkommen sein, rechtzeitig mögliche Nachteile aufzudecken. Doch ist es nicht gleichgültig, wann und unter welchen Bedingungen sich der Versuch abspielt, die Auswirkungen der Adoption zu prognostizieren. Sobald das Kind den Annehmenden überlassen wird, kommt ein Entwicklungsprozeß in Gang, dessen Auswirkungen gerade dann nicht übersehen werden dürfen, wenn die Adoption strikt vom Interesse des Kindes her beurteilt werden soll. Die in diesem Buch enthaltene Kritik richtet sich daher nicht generell gegen die Überprüfung der an der Adoption Beteiligten. Sie signalisiert nur eine um des Kindes willen unbedingt zu berücksichtigende zeitliche Zäsur. Mit einer Probezeit verfehlt die Überprüfung ihr Ziel. Die Adoptionsbedingungen werden nicht verbessert, sondern verschlechtert. Kind und potentielle Adoptiveltern geraten in eine konflikthafte Situation, die es gerade nicht gestattet, über ihre wechselseitigen Beziehungen zuverlässige Auskünfte zu geben und die, schlimmer noch, Belastungen mit sich bringt, welche langfristig über die wie auch immer bemessene Probezeit hinaus wirksam sind. Was deshalb den meisten Reformbestrebungen bislang als ein erstrebenswertes Desiderat erschien, nicht zuletzt weil es einer ohnehin weitverbreiteten Praxis entspricht, bedarf dringend der kritischen Überprüfung. Der Gesetzgeber sollte nicht Probezeiten sanktionieren, sondern im Gegenteil in klarer Erkenntnis ihrer Folgen von einer solchen Regelung absehen.

5. Die Forderung, das Kind in Verfahren, die seine Unterbringung betreffen, durch einen eigenen Anwalt vertreten zu lassen, scheint auf den ersten Blick ein Randproblem zu sein. Bedenkt man aber, welches Gewicht den gerichtlichen Entscheidungen gerade bei zunehmender Berufung auf die Kindesinteressen zukommt, so wird die praktische Bedeutung einer solchen Forderung sofort augenscheinlich. Die Priorität der Kindesinteressen zwingt dazu, Vorkehrungen zu treffen, die für eine Berücksichtigung der Kindesbelange vor allem dort sorgen, wo wie vor Gericht Entscheidungen fallen, die die weitere Entwicklung des Kindes nachhaltig beeinflussen.

Zwar ist der Gedanke nicht neu; schon in den zwanziger Jahren hatte der Psychoanalytiker Paul Federn ähnliche Überlegungen vertreten. Doch stoßen solche Forderungen zumeist auf Skepsis, wenn nicht auf schroffe Ablehnung. Der wohl wichtigste Grund dafür dürfte in der für die hier interessierenden Fälle geltenden Inquisitionsmaxime zu suchen sein. Das ohnehin dem Kindeswohl verpflichtete Gericht hat von sich aus alles zu unternehmen, um die für eine genaue Beurteilung der Kindesinteressen erforderlichen Informationen zu gewinnen. Insofern ist schon die gerichtliche Intervention ihrer Struktur nach Hilfestellung für das Kind und Ersatz für die ihm selbst nicht mögliche Wahrnehmung der eigenen Interessen. Ein besonderer Anwalt würde, so scheint es, das ohnehin nicht einfache Verfahren nur unnötig belasten.

Dennoch ist es nicht überflüssig, sich mit der Forderung nach einem defensor liberorum auseinanderzusetzen.[135] Zwar mag man es für zweckmäßig halten, über neue Verfahrensformen nachzusinnen und gerade im Interesse des Kindes Grundsätze zu entwikkeln, die von den gegenwärtig geltenden gänzlich abweichen. Solange es aber bei den bisherigen Formen bleibt, fragt es sich, ob ein Kind, das im Gegensatz zu anderen Beteiligten über keinen Anwalt verfügt, nicht von vornherein benachteiligt ist. Wenn die anwaltliche Vertretung vor Gericht wirklich eine fundamentale Voraussetzung für den Schutz der Interessen des jeweils Betroffenen ist, dann will es nicht einleuchten, warum dieser Grundsatz auf denjenigen keine Anwendung finden soll, den das Verfahren wohl am meisten angeht.

Der Hinweis auf die Eltern, die als Sorgeberechtigte ohnehin die Belange des Kindes zur Geltung zu bringen hätten, zerstreut die Bedenken nicht. In solchen Argumenten macht sich wieder einmal das Widerstreben bemerkbar, Familienmitglieder als Träger selbständiger, oft konträrer Interessen zu betrachten. Doch gerade in den hier entscheidenden Fällen erweist sich immer wieder, wie sehr die Handlungsweise der Eltern auch durch höchstpersönliche, zum Teil unbewußte Vorstellungen und Wünsche bestimmt wird, was dann sehr leicht dazu führt, bei der Verfolgung der eigenen Ziele das Kind als Mittel zum Zweck zu benutzen. Wohl enthält die gesetzliche Regelung einen Ausweg; wo der Konflikt zutage tritt, kann das Gericht einen Pfleger bestellen. Aber man kann sich fragen, ob eine solche kasuistische Lösung wirklich ausreicht, ob nicht umgekehrt, unabhängig vom Verlauf des einzelnen Falles, zwingend für eine Vertretung gesorgt werden muß.

Auch im Falle administrativer Instanzen, die sich ganz besonders für die Kindesinteressen einzusetzen haben, ist eine angemessene Vertretung vor Gericht nicht ohne weiteres gewährleistet – allein wegen der für Bürokratien charakteristischen Tendenz zur Eigengesetzlichkeit und der damit verbundenen Entwicklung spezifischer Normvorstellungen bezüglich der Situation von Kindern. Diese Vorstellungen stimmen nicht notwendigerweise mit den Kindesinteressen im konkreten Fall überein. Überdies führt gerade die Konfrontation mit den Eltern zu einer akuten Konfliktkonstellation, die leicht zu einer Vernachlässigung der besonderen Belange des betroffenen Kindes verleitet. Beides spricht dafür, die administrative Instanz zwar am Verfahren zu beteiligen, sie jedoch zugleich sorgfältig vom Kind zu trennen. Priorität der Kindesinteressen heißt deshalb auch Reflexion über die Notwendigkeit einer selbständigen anwaltlichen Vertretung in Verfahren, die seine Unterbringung zum Gegenstand haben.

Anmerkungen

1 Vgl. Phillipe Aries, *Centuries of Childhood* (New York: Alfred A. Knopf, 1962).

2 Vgl. Jeremy Bentham, *Theory of Legislation* (Boston: Weeks, Jordan, 1840, Band I, S. 248):

Die Schwachheit des Kindes verlangt nach beständigem Schutz. Alles muß für ein unvollständiges Wesen, das sich nicht selbst helfen kann, getan werden. Bis zur vollen Entwicklung seiner körperlichen Kräfte dauert es viele Jahre; die Entwicklung seiner geistigen Fähigkeiten ist noch langsamer. Ab einem bestimmten Alter verfügt es über Kräfte und Triebe, die es nicht zu kontrollieren vermag. Ein solches Wesen, das momentanen Reizen gegenüber zu empfindlich ist und der Zukunft mit Gleichgültigkeit entgegensieht, muß unter einer unmittelbareren als der gesetzlichen Autorität stehen . . . .

Vgl. auch das Votum, das Richter Brewer 1889 im Fall *Chapsky gegen Wood,* 26 Kan. Reports, S. 650-658 (2. Auflage 1889) abgab.

3 Vgl. Lillian Hellman, *Eine unfertige Frau* (Frankfurt/M.: Insel Verlag, 1970, S. 13-14):

Ein mächtiger Feigenbaum stand auf dem Rasen in dem Winkel, den das Haus zur Seitenstraße hin bildete, vorn und zu beiden Seiten umgeben von drei kräftigen Eichen, die ihn ganz gegen die Pension meiner Tante abschirmten. Ich muß schon acht oder neun Jahre alt gewesen sein, als ich die Vergnügungen entdeckte, die der Feigenbaum bot; . . . Der Feigenbaum war mächtig, kraftvoll, behaglich, und ich hatte mich im Laufe der Zeit davon überzeugt, daß er mich mochte, daß ich ihm fehlte, wenn ich nicht da war, und daß er alles billigte, was ich veranstaltete, um einen glücklichen Tag in seinen Armen zu verbringen: ich hatte eine Schlaufe für meine Schulbücher angebracht und einen Flaschenzug für mein Frühstückskörbchen; ich hatte mir eine Mulde eingerichtet, wo ich meine Flasche mit Soda-Cream für den Nachmittag verstaute, eine Angelrute, einen kleinen übelriechenden Beutel mit nicht mehr ganz frischen Ködern und ein mit dem Porträt Henry Clays zu Pferde besticktes Sofakissen, das ich Mrs. Stillman, einem Pensionsgast meiner Tante, gestohlen hatte; ich hatte einen ordentlichen Nagel eingeschlagen, an dem ich mein Kleid und meine Schuhe aufhängte, damit sie für die Rückkehr ins Haus sauber blieben.

4 Z. B. stellte die Gruppe für Kinderpsychiatrie (Child Psychiatry Unit) des Yale University Child Study Center in einem Untersuchungsbericht für das Jahr 1972-73 fest, daß 29 % der Kinder in Familien mit nur einem Elternteil aufwachsen.

5 Die Feststellung der »biologischen« Eltern eines Kindes ist nicht immer einfach. In Fällen künstlicher Insemination beispielsweise kann der Spermaspender rechtlich nicht als Elternteil anerkannt werden. Vgl. *Strnad gegen Strnad,* 190 Misc. 786, 78 N.Y.S. 2 d 390 (1948), zitiert nach J. Goldstein und J. Katz, *The Family and the Law* (New York: Free Press, 1965, S. 501). Auch könnten einer Frau, die für kinderlose Ehepaare gegen Entgelt Kinder austrägt, die Spermien des Ehemannes durch künstliche Insemination zugeführt werden. Vgl. »Girls Says She Had Baby for Mother«, *(The New York Times),* 30. April 1964 (S. 30, Spalte 1), zitiert nach J. Goldstein und J. Katz (s. o., S. 496).

In Zukunft wird der Begriff der biologischen Elternschaft durch die Entwicklung künstlicher Gebärmuttern und durch ungeschlechtliche Nachkommenschaft (Klon) immer unschärfer werden.

6 Die nachteilige psychische Entwicklung von Kindern, die in Heimen untergebracht sind (und die zum Teil körperlich hervorragend gepflegt werden), ist durch zahlreiche Studien belegt.

Vgl. Margaret A. Ribble, *The Rights of Infants* (New York: Columbia University Press, 1943); W. Goldfarb, »Effects of Psychological Deprivation in Infancy and Subsequent Stimulation« *(American Journal of Psychiatry,* 102: 18-33, 1945) und »Psychological Privation in Infancy und Subsequent Adjustment« *(American Journal of Orthopsychiatry,* 15: 247-255, 1945); René A. Spitz, »Hospitalism« *(The Psychoanalytic Study of the Child,* 1: 53-74; New York: International Universities Press, 1945 und »Hospitalism: A Follow-up Report« (ebd., 2: 113-117, 1946); René A. Spitz und K. M. Wolf, »Anaclitic Depression« (ebd., 2: 313-342, 1946); dt. »Die anaklitische Depression. Eine Untersuchung der Genese psychischer Störungen in der frühen Kindheit«, in: G. Bittner u. E. Schmid-Cords (Hrsg.), *Erziehung in früher Kindheit,* München 1968, S. 104-135). John Bowlby, *Maternal Care and Mental Health* (Geneva: World Health Organization Monograph No. 2, 1951); H. L. Rheingold, *The Modification of Social Responsiveness in Institutionalized Babies* (Monographs of the Society for Research in Child Development, Vol. XXI, Serial No. 63, No. 2, 1956); M. A. Ainsworth et. al., *Deprivation of Maternal Care: A Reassessment of Its Effects* (Genf: World Health Organization, Public Health Papers 14, 1962); Sally Provence and Rose C. Lipton, *Infants in Institutions* (New York: International Universities Press, 1962).

7 Vgl. z. B. Revised Uniform Adoption Act (1969), § 14, Effect of Petition and Decree of Adoption:

(a) Ein rechtskräftiger Adoptionsbeschluß und ein vorläufiger Beschluß, der rechtskräftig geworden ist, . . . haben folgende Wirkung:

(1) Die Adoption begründet zwischen dem Adoptierten und den Verwandten des Adoptierenden eine rechtliche Beziehung. Gleichzeitig erlöschen alle zwischen dem Adoptierten und seinem leiblichen Verwandten, einschließlich der leiblichen Eltern, bestehenden rechtlichen Beziehungen. Der Adoptierte ist für seine ursprünglichen Verwandten in jeder Beziehung ein Fremder, einschließlich der Erbfolge und der Auslegung von Gesetzen, Dokumenten und Urkunden, gleichgültig, ob diese vor oder nach der Adoption entstanden sind, und die den Adoptierten nicht ausdrücklich mit Namen oder sonstiger Bezeichnung, die nicht auf seiner Blutsverwandtschaft beruht, nennen . . .

Wenn das adoptierte Kind erneut adoptiert wird, erlöschen die Rechte der ersten Adoptiveltern in entsprechender Anwendung des § 14 (a) (1).

8 Vgl. z. B. Revised Uniform Adoption Act (1969), § 5, Persons Required to Consent to Adoption:

(a) . . . . dem Antrag auf Adoption eines Minderjährigen kann nur stattgegeben werden, wenn die Einwilligung in die Adoption schriftlich erklärt wird von:

1.) der Mutter des Minderjährigen

2.) dem Vater des Minderjährigen, wenn der Minderjährige empfangen bzw. geboren wurde, als der Vater mit der Mutter verheiratet war, wenn der Minderjährige sein Adoptivkind ist, oder wenn er die Vaterschaft des Minderjährigen anerkannt hat . . . . .

9 Vgl. z. B. Revised Uniform Adoption Act (1969), § 12, Erforderlicher Aufenthalt des Minderjährigen:

Ein endgültiger Adoptionsbeschluß soll erst ergehen, und ein vorläufiger Adoptionsbeschluß soll erst rechtskräftig werden, wenn der Minderjährige, der adoptiert werden soll, außer wenn es sich um ein Stiefkind des Adoptionswilligen handelt, wenigstens für die Dauer von sechs Monaten seit seiner Vermittlung durch eine staatlich anerkannte Stelle in seiner zukünftigen Adoptionsfamilie gelebt hat oder mindestens sechs Monate lang dort lebte, nachdem das Wohlfahrtsamt (Public Welfare Department) oder das Gericht davon verständigt wurde, daß der Antragsteller die elterliche Sorge ausübt, und das Wohlfahrtsamt oder Gericht Gelegenheit hatten, die zukünftige Adoptionsfamilie zu überprüfen.

10 Eine ähnliche Einstellung ist nicht selten in Gesetzesvorschriften zu finden. Vgl. z. B. Section 373, Subdivision 3 des New York Social Welfare Law:

». . . das Gericht soll . . . bei Adoptionsbeschlüssen . . . die elterliche Sorge, wenn möglich, . . . nur auf solche Personen übertragen, die der gleichen Religion wie das Kind angehören«. Vgl. *In re Maxwell's Adoption,* 4 N.Y. 2d 429, 151 NE 2d 848 (1958).

Der Revised Uniform Adoption Act (1969) enthält keine vergleichbare Bestimmung.

11 Vgl.z.B. *New Haven Register,* Donnerstag, 2. November 1972, S. 70, Spalte 1:

Liebe Ann Landers,

Meine Adoptiveltern sind die einzigen Eltern, die ich jemals gekannt habe. Sie sind wunderbar und alle sagen, ich hätte viel Glück.

Aber ich habe ein großes Problem: Ich muß meine richtigen Eltern finden. Ich muß herausbekommen, aus welchen Gründen sie mich damals weggegeben haben. Ich drehe durch, wenn ich mir vorstelle, was zu meiner Weggabe geführt haben könnte.

Ich kann an nichts anderes mehr denken. Ich muß die Wahrheit über mich herausfinden, damit mein Brüten ein Ende hat. Aber sag' mir nicht, ich solle alles vergessen, denn das kann ich nicht. Ich brauche dringend einen Rat.

Ein Verzweifelter aus Chicago

Lieber Verzweifelter,

Es ist ganz natürlich, daß sich ein adoptiertes Kind Gedanken über seine leiblichen Eltern macht – aber Sie scheinen von einer Zwangsvorstellung besessen. Wenn Ihre Adoption durch eine staatliche Stelle vermittelt wurde, dann ist damals aus gutem Grund vereinbart worden, niemals die Identität Ihrer leiblichen Eltern bekanntzugeben. Gewöhnlich gibt es Ärger – für das Kind wie für die Adoptiveltern –, wenn das adoptierte Kind seine leiblichen Eltern findet. Ich werde Ihnen nicht raten, »alles zu vergessen«, aber ich hoffe um aller Beteiligten willen, daß Sie es nicht zu Ihrer Lebensaufgabe machen, die leiblichen Eltern zu suchen. In Ihrem eigenen Interesse: denken Sie an etwas Produktiveres und weniger Gefährliches.

Vgl. auch *Register,* Dienstag, 20. Februar 1973, S. 38, Spalte 3-4:

Liebe Ann,

Darf ich einige Worte zu dem jungen Mann sagen, der seine richtigen Eltern finden will?

Lieber Verwirrter!

Wenn Sie das Baby sind, das ich weggab, kommen Sie nie, um an meine Tür zu klopfen. Hier finden Sie keine richtigen Eltern. Ihre r i c h t i g e n Eltern sind das liebevolle Paar, das sich ein Kind wünschte. Ich wollte keins.

Offen gestanden, ich denke, Sie sind egoistisch, zwei Familien haben zu wollen. Die

Eltern, die Sie großgezogen haben, lieben Sie und haben ein Recht auf Ihre ganze Hingabe. Vergessen Sie mich.

Direkter Pfeil

12 Vgl. z. B. die »Hinweise für Pflegeeltern« (»Foster Parents' Manual«) der Jewish Child Care Association von New York, abgedruckt in J. Goldstein und J. Katz, *The Family and the Law* (s. o., S. 1019 ff).

13 Vgl. z. B. den »Unterbringungs-Vertrag« (»Placement Agreement«) der Jewish Child Care Association von New York:

5.) Wir bestätigen, daß wir das bei uns untergebrachte Kind für unbestimmte Zeit, je nach den Bedürfnissen des Kindes oder seiner familiären Situation, aufnehmen. Wir sind uns bewußt, daß die rechtliche Verantwortung für das Kind weiterhin von der Vermittlungsstelle (agency) getragen wird, und wir werden alle Pläne, die die Vermittlungsstelle für das Kind macht, akzeptieren und unterstützen. Dies bezieht sich auch auf das Recht der Vermittlungsstelle, jederzeit bestimmen zu können, wann und wie uns das Kind verläßt, und wir erklären uns bereit, bei entsprechenden Maßnahmen mitzuwirken.

Zitiert nach J. Goldstein und J. Katz (s. o., S. 1022). Vgl. auch »Agreement for Board and Care of Children Committed to the State Welfare Commissioner« des Bundesstaates Connecticut:

Anläßlich der Aufnahme eines durch die State Welfare Commission vermittelten Kindes
(geboren am ....) vereinbare ich, ..., wohnhaft in ...., mit dem State Welfare Commissioner folgende Bedingungen für die Dauer der Pflege des Kindes in meiner Familie:

1.) Das oben genannte Kind erhält ausreichende und geeignete Nahrung, eine eigene Schlafstätte, und es wird nicht zu Arbeiten herangezogen, die seine Kräfte übersteigen und nicht altersgemäß sind.

2.) Das oben genannte Kind erhält Gelegenheit zum Schulbesuch im gesetzlich vorgeschriebenen Umfang.

3.) Das oben genannte Kind erhält Gelegenheit zum Gottesdienstbesuch und zu religiöser Unterweisung in seinem Glauben.

4.) Dem oben genannten Kind wird die notwendige ärztliche Versorgung gewährt, gemäß den Bestimmungen auf der Rückseite dieser Vereinbarung. Alle Unfälle und Krankheiten des Kindes melde ich unverzüglich dem State Welfare Commissioner oder der nächsten örtlichen zuständigen Behörde.

......

6.) Es besteht Klarheit darüber, daß dieses Kind nicht zum Zweck der Adoption, sondern nur zum Zwecke der Beköstigung und Pflege bei mir untergebracht ist.

7.) Der Name des oben genannten Kindes kann nur mit Zustimmung des State Welfare Commissioner und auf Antrag an das Obergericht, gemäß § 52-11 der General Statutes in der Neufassung von 1958, geändert werden; jede Namensänderung ist dem State Welfare Commissioner anzuzeigen.

8.) Der State Welfare Commissioner behält sich das Recht vor, das oben genannte Kind jederzeit aus der oben bezeichneten Pflegestelle zu entfernen; mit der Entfernung des Kindes wird diese Vereinbarung hinfällig.

(Finanzielle) Vereinbarung: ......

14 Vgl. z. B. die Zeugenaussage in dem Verfahren *In re Jewish Child Care Association,* Supreme Court, New York, unter Vorsitz von Richter Cortland A. Johnson, 22. November 1957:

(Doktor Miller, ein offizieller Vertreter der Child Care Association) sagte aus, die Einwendungen der Vermittlungsstelle seien darauf begründet, daß sich Mr. und Mrs. Sanders (die Pflegeeltern) emotional zu stark an das Kind gebunden hätten, und daß es für das Kind besser wäre, zumal es selbst sagt, es würde später wieder bei seiner leiblichen Mutter leben – wir wissen aber nicht, wann dies sein wird –, wenn es in einer neutralen Familie untergebracht würde, in einer Familie, wo man das Kind gern hätte, es aber nicht in dem Maße liebte wie die Sanders . . .

Zitiert nach J. Goldstein und J. Katz (s. o., S. 1029).

15 Vgl. die ermutigende Anordnung des kürzlich vom New York Court gefällten Urteils, zitiert unten Anmerkung 34. Vgl. auch unsere Besprechung des *Rothman*-Falles in Kapitel VI.

16 Vgl. z. B. Thesi Bergmann in Zusammenarbeit mit Anna Freud, *Children in the Hospital* (New York: International Universities Press, 1965, S. 22-23; dt. *Kranke Kinder,* Frankfurt/M.: S. Fischer Verlag, Reihe Conditio humana, 1972, S. 10-11):

Die psychoanalytische Kinderpsychologie läßt keinen Zweifel darüber, daß Kinder emotionell von ihren Eltern abhängig sind und daß diese Abhängigkeit für die normale Entwicklung notwendig ist; ferner, daß die Beziehungen in einem Krankenhaus auch im besten Fall nur ein unzulänglicher Ersatz für Familienbeziehungen sein können. Akzeptiert man diese Fakten, so ist die Lockerung der Besuchsvorschriften eine unausweichliche Konsequenz.

In Rainbow wurde den Eltern jede Gelegenheit gegeben, ihre Kinder, wann immer sie es wollten, zu besuchen, und sie ebenso in Zeiten der Belastung wie in Zeiten, in denen sie es leicht hatten, zu beobachten: während der physikalischen Therapie, im Schwimmbecken, bei der Gymnastik, beim Schulunterricht, beim Spiel usw. Es wurde darauf geachtet, daß Eltern und Kinder so interagieren konnten, wie sie es daheim tun, so daß beispielsweise gelegentlich ein Kind lieber mit anderen spielte, während die Mutter andere Mütter oder die Krankenschwester besuchte. Die kleinen Kinder waren besonders darauf erpicht, daß die Mutter sie zu Bett brachte und einkuschelte, während die älteren Kinder lieber so lange wie möglich mit ihren Besuchern aufblieben. Wenn es keine epidemische Krankheiten in der Gemeinschaft gab, kamen die Geschwister am Sonntag zu Besuch, der häufig für die ganze Familie zum »Picknicktag« auf dem Gelände des Krankenhauses wurde.

Die Familienbande wurden ferner dadurch aufrechterhalten, daß die Kinder zu Hause anriefen und daß alle – mit Ausnahme der Patienten im Körper-Gipsverband –, wenn ihre Rekonvaleszenz weit genug fortgeschritten war, gelegentlich zum Wochenende nach Hause gingen. Die letzeren Besuche lehrten das Kind, mit seinen Behinderungen auch unter den weniger beschützenden Bedingungen eines normalen Heims zurechtzukommen, mit Freunden und Nachbarn nach längerer Abwesenheit wieder Umgang zu pflegen, von ihnen im Rollstuhl oder an Krücken gehend gesehen zu werden usw. Die Eltern gewöhnten sich auf diese Weise daran, selbständig die Verantwortung für die Betreuung eines gebrechlichen oder behinderten Kindes zu übernehmen und ihre eigenen Ängste zu meistern.

17 Einige Bundesstaaten lassen zu, daß ein Pflegekind, das nicht adoptiert wurde, dennoch an dem Nachlaß einer ohne Testament verstorbenen Pflegeperson teilhat; dies wird als »equitable« oder »virtual« Adoption oder »Adoption by estoppel« bezeichnet. Vgl. Jeffries, »Equitable Adoption: They Took Him Into Their Home and Called Him Fred«, 58 *Va. L. R.* 727 (1972). Vgl. aber *Proffitt gegen Evans*, 433 S.W. 2nd 876 (Ky. 1968): »Dem Common Law waren Adoptionen fremd. Eine strikte Anwendung der (geschriebenen) Adoptionsgesetze war immer erforderlich . . . Die

Anerkennung einer ›de facto‹-Adoption würde das Recht in eine Art Chaos stürzen.«

18 *Painter gegen Bannister* 140 N.W. 2nd 152 (Iowa 1966) ist in diesem Zusammenhang ein interessanter und berühmter Fall. Ein biologischer Vater versuchte im Wege der *habeas corpus*-Klage, das Sorgerecht für seinen siebenjährigen Sohn wiederzuerlangen; Er hatte den Jungen, als seine Frau bei einem Autounfall ums Leben gekommen war, bei den Großeltern mütterlicherseits untergebracht. Der Haushalt der Großeltern wurde als »stabil, konventionell, bürgerlich« beschrieben und der seiner biologischen Eltern als »unstabil, unkonventionell, künstlerisch-bohemehaft und wahrscheinlich intellektuell stimulierend«. »Es steht uns nicht an«, meinte das Berufungsgericht, »die Sorgerechtsentscheidung danach zu treffen, welche der beiden normalen Lebensweisen wir bevorzugen«. Diese Entscheidung stimmte mit der Feststellung des erstinstanzlichen Richters überein, daß beide Parteien geeignet wären, die Elternrolle zu übernehmen. Das Gericht sah zwar die Bevorzugung der biologischen Eltern durch das Gesetz, wertete das Kindeswohl aber höher und kam zu dem Schluß, daß die bestehende psychologische Eltern-Kind-Beziehung nicht abgebrochen werden sollte:

»Mark hat mit seinem Großvater eine Vater-Sohn-Beziehung hergestellt, die er augenscheinlich mit seinem Vater niemals gehabt hätte. Er ist glücklich, hat sich gut eingelebt und seine Entwicklung macht gute Fortschritte. Angesichts der Warnungen vor den unheilvollen Konsequenzen, auf die ein bedeutender Kinderpsychologe hingewiesen hat, glauben wir nicht, daß es in Marks wohlverstandenem Interesse liegt, wenn er aus dieser stabilen Umgebung herausgerissen wird, um einer ungewissen Zukunft im Heim seines Vaters entgegenzugehen. Auch wenn wir die Liebe des Vaters zu seinem Kind und seinen Wunsch, mit diesem zusammenzusein, respektieren, so glauben wir nicht, daß wir das moralische Recht haben, die Zukunft des Kindes aufs Spiel zu setzen . . .« (*ebd.*, S. 158).

19 Die Richtlinien erlangen auch bei Unterbringungsfragen im Jugendstrafprozeß eine wesentliche Bedeutung; dieses Buch geht allerdings nicht näher hierauf ein.

20 Für ausführliche Hinweise vgl. z. B. Anna Freud, *The Ego and the Mechanisms of Defense* (New York: International Universities Press (1936), Neuauflage 1966; dt.: *Das Ich und die Abwehrmechanismen,* München: Kindler, 6. Aufl., und *Normality and Pathology in Childhood,* New York: International Universities Press, 1965; dt. *Wege und Irrwege der Kinderentwicklung,* Stuttgart: Hans Huber, Ernst Klett 1968). D. W. Winnicott, *Mother and Child* (New York: Basic Books, 1957); Milton E. Senn und Albert J. Sonit, *Problems in Child Behavior* (Philadelphia: Lea & Febiger, 1968); und Sally Provence, *Guide for the Care of Infants in Groups* (New York: Child Welfare League of America, 1967).

21 Eine große Zahl von Kindern, die während des Krieges außerhalb ihrer Familien untergebracht waren, entwickelten sich zu Bettnässern. Anna Freud und Dorothy Burlingham geben in *Infants Without Families: Reports on the Hampstead Nurseries (The Writings of Anna Freud,* Band III, New York: International Universities Press, 1973; dt: *Heimatlose Kinder,* Frankfurt: S. Fischer, Reihe Conditio humana, 1971, S. 65 ff.) spezifische Beispiele von Regressionen als Folge einer Trennung.

22 Das Verfahren *Carter gegen United States,* 252 F. 2 d 608 (D. C. Cir. 1957), abgedruckt in R. C. Donnelly, J. Goldstein, R. D. Schwartz, *Criminal Law* (New York: Free Press, 1962, S. 784-788), enthält hierzu eine keineswegs ungewöhnliche Fallgeschichte:

»Carter war wegen Mordes angeklagt und zum Tode verurteilt worden . . . . .

Zum Zeitpunkt der Tat war er achtzehn Jahre alt . . . Die ersten sieben oder acht

Jahre seines Lebens verbrachte Carter bei der Schwester seines Vaters, einer blinden Frau .... Carters Tante übergab ihn der Jugendwohlfahrtsabteilung der Fürsorgebehörde. Seine erste Pflegefamilie mußte er verlassen. Nach einem sechsmonatigen Aufenthalt in einer zweiten Pflegefamilie wurde er an Mr. und Mrs. Reed vermittelt, wo er ungefähr vier Jahre blieb. Die Reeds hielten ihn für äußerst schwierig. Er verrichtete seine Notdurft, ohne sich auszuziehen, oder im Bett »so regelmäßig, als wäre es die normalste Sache«. Oft schlug er grundlos kleinere Kinder ... Carter verließ die Reeds im August 1949 und ging nach Blue Plains, um die Industrial Home School zu besuchen. Dort zwang er u. a. ein Kind zur Sodomie, warf mit dem Messer nach einem anderen Kind und prügelte sich ständig mit kleineren Kindern, die ihm nicht ihre Sachen geben wollten .... Im Alter von 16 Jahren (Dezember 1952) wurde Carter bei einer neuen Pflegefamilie untergebracht. Er bliebt dort nur kurze Zeit und kam dann zu Mrs. Gordon, die die Behörden bat, Carter wegzuholen, weil er in ihrer Gegenwart masturbiert hatte. Daran anschließend wurde Carter nochmals in eine Pflegefamilie gegeben; nach etwa einem Monat wurde seine Pflegestelle gewechselt; bei der neuen Pflegefamilie blieb er drei Tage, bevor er weglief. Siebzehn Tage später wurde er gefunden .... und in eine Kinderanstalt (Receiving Home for Children) überführt. Er verließ dann die Anstalt, um bei seinem Vater zu wohnen, wo er ungefähr einen Monat blieb .... Aufgrund eines Haftbefehls wegen »ungebührlichen Verhaltens und Voyeurismus« wurde er festgenommen und in die Anstalt zurückgebracht ...»

23 Vgl. Carl Pollock und Brandt F. Steele, *»A Therapeutic Approach to the Parents.«* In: *Helping the Battered Child and His Family,* hrsg. von C. Henry Kempe und Ray E. Helfer (Philadelphia: J. B. Lippincott, 1972, S. 3-22); und Brandt F. Steele, *»Parental Abuse of Infants and Small Children.«* In: *Parenthood: Its Psychology and Psychopathology,* hrsg. von E. James Anthony und Therese Benedek (Boston: Little Brown & Co., 1970, S. 449-479); und S. Wassermann, »The Abused Parent of the Abused Child« *(Children,* 14:5, 1967).

24 Selbst eine Adoption, die »endgültig« ist, kann Auflagen und Bedingungen enthalten; sie untersteht damit faktisch einer ständigen Aufsicht durch die Gerichte. Vgl. z. B. die hier maßgeblichen Bestimmungen des *New York Domestic Relations Law,* § 118 – a (1970):

(Jedes Adoptivkind) ... sowie jede Person oder staatlich anerkannte Vermittlungsstelle (authorized agency) kann im Namen des betreffenden Kindes bei einem Richter oder bei dem Gericht, das ursprünglich die Adoption ausgesprochen hat, den Antrag auf Abänderung des Adoptionsbeschlusses stellen. Der Antrag kann gestützt werden auf (a) Grausamkeit, (b) Mißbrauch, (c) Unfähigkeit oder Weigerung, das Kind zu unterhalten oder zu erziehen, (d) *den Versuch bzw. die tatsächliche Vornahme einer Religionsänderung des Kindes oder die Nichtgewährung von Schutz für die Religion des Kindes* oder (e) sonstige Pflichtverletzungen der Adoptiveltern gegenüber dem Kind (unsere Hervorhebung).

25 § 17 des Uniform Adoption Act von 1953 sieht vor, daß Adoptiveltern auf Aufhebung der Adoption klagen können, »wenn das Kind innerhalb von zwei Jahren nach der Adoption eine schwere und dauernde körperliche oder geistige Krankheit oder Behinderung entwickelt, deren Ursache bereits vor der Adoption angelegt war, und wovon die Adoptiveltern nichts wußten oder wissen konnten .....«

Der Revised Uniform Adoption Act (1969) enthält keine Bestimmung dieser Art. Vgl. aber Kentucky Rev. Stat. § 199. 540 (1) (1969), der die Vorschrift enthält, daß eine Adoption für nichtig erklärt werden kann, wenn sich innerhalb von fünf Jahren nach dem Ausspruch der Adoption zeigt, daß »das Kind bestimmte Merkmale einer ethnologischen Abstammung trägt, die von denen der Adoptiveltern abweichen, und von denen die Annehmenden vor der Adoption nichts wußten oder wissen konnten . . .«

26 Wir lehnen daher jene Bestimmungen des Revised Uniform Adoption Act (1969) ab, die eine Wartezeit von mindestens 6 Monaten zwischen Adoptionsvermittlung und endgültigem Adoptionsdekret vorschreiben; die Wartezeit ist noch länger, wenn die Vermittlung nicht durch eine staatliche Stelle erfolgte (Section 12). Ebenso lehnen wir ab, daß das Anfechtungsverfahren in entsprechender Anwendung zivilprozessualer Vorschriften durchgeführt werden soll (Section 15 (a)). Wegen der Regelungen von Section 12 vgl. oben Anmerkung 9. Section 15 lautet:

(a) Die Anfechtung eines endgültigen Beschlusses im Sinne dieses Gesetzes erfolgt entsprechend der Regelung des Berufungsverfahrens im Zivilprozeß.

(b) Nach Ablauf eines Jahres seit dem Ausspruch der Adoption kann der Adoptionsbeschluß von niemandem, einschließlich dem Antragsteller, mit keiner Begründung, einschließlich Betrug, fehlerhafter Vertretung, Pflichtverletzung oder fehlender Zuständigkeit, angefochten werden. Dies gilt nicht bei Adoption Minderjähriger oder in dem Fall, daß ein Erwachsener, der adoptiert wurde, von dem Adoptionsdekret innerhalb (eines) Jahres keine Kenntnis hatte.

27 § 409 (a) des Uniform Marriage and Divorce Act gefährdet den Kontinuitätsgedanken, obwohl er ihm gerecht werden will, indem er bestimmte Zeiträume vorsieht, in denen ein Beschluß nicht abgeändert werden kann.

»Vor Ablauf eines Jahres nach dem ursprünglichen Sorgerechtsbeschluß (custody decree) darf kein Abänderungsantrag gestellt werden. Wenn ein Abänderungsantrag gestellt wurde, darf in den darauf folgenden zwei Jahren kein neuer Antrag gestellt werden, gleichgültig ob dem ersten stattgegeben wurde oder nicht. Dies gilt nicht, wenn das Gericht entscheidet . . . ., es bestehe die begründete Annahme, daß das Kind in seiner gegenwärtigen Umgebung gesundheitlich gefährdet ist oder in seiner emotionalen Entwicklung erheblich beeinträchtigt wird.«

Dieses Problem wird durch kollidierende Rechtsnormen verschiedener Bundesstaaten und Länder noch vergrößert. Vgl. z. B. Uniform Adoption Act, § 14.

28 Wenn ein Sorgeberechtigter keine Besuche duldet, kann das Gericht allein aus diesem Grund eine anderweitige Unterbringung anordnen und sorgt damit für noch mehr Diskontinuität. Vgl. z. B. *Berlin gegen Berlin,* 239 Md. 52, 210 A 2d 380 (1965). In diesem Verfahren wurde ein Kind dem Vater deshalb zugesprochen, weil sich die Mutter nicht an die Besuchsregelung des ersten Beschlusses, durch den das Sorgerecht auf sie übertragen worden war, gehalten hatte. Vgl. aber auch *Berlin gegen Berlin,* 21 N.Y. 2d 371, 235 N.E. 2d 109 (1967). In dieser Entscheidung weigerte sich das New-Yorker Gericht, den Beschluß des Gerichts in Maryland, der das Sorgerecht geändert hatte, anzuerkennen. »Bedenkt man die Zeit, die seit dem früheren Beschluß vergangen ist, das Alter dieser Kinder und die Tatsache, daß die Mutter in Wirklichkeit immer das Sorgerecht ausgeübt hat, so kann niemand ernsthaft behaupten, daß ein New-Yorker Gericht oder im konkreten Fall ein Gericht in Maryland einen Beschluß, der dem Vater das Sorgerecht überträgt, als bindend ansehen sollte und könnte.« Das Gericht wies allerdings darauf hin, daß das Recht des Vaters, seine Kinder zu besuchen, anerkannt werden müßte.

29 Wir würden daher den nachfolgenden Bestimmungen des Uniform Marriage and Divorce Act widersprechen:

§ 407 (Besuch)

(a) Ein nichtsorgeberechtigter Elternteil hat Anspruch auf angemessene Besuchsrechte, außer wenn das Gericht nach einer Anhörung feststellt, daß das Kind durch die Besuche gesundheitlich gefährdet oder in seiner emotionalen Entwicklung erheblich beeinträchtigt würde.

(b) Das Gericht kann die Besuchsrechte einschränken oder ausschließen, wenn dies zum Wohle des Kindes erforderlich ist; aber das Gericht kann nicht die Besuchserlaubnis des Elternteils, dem das Sorgerecht zusteht, einschränken, außer wenn feststeht, daß die Besuche das Kind gesundheitlich gefährden oder in seiner emotionalen Entwicklung erheblich beeinträchtigen würden.

§ 408 (Gerichtliche Überwachung)

(a) Wenn zum Zeitpunkt des Sorgerechtsbeschlusses zwischen den Parteien nichts anderes vereinbart war, bestimmt der Sorgerechtsinhaber die Erziehung des Kindes, einschließlich Schule, Gesundheitsvorsorge und religiöser Unterweisung, wenn nicht das Gericht auf Antrag des nicht sorgeberechtigten Elternteils nach einer Anhörung feststellt, daß ohne eine teilweise Einschränkung der Befugnisse des Sorgerechtsinhabers das Kind gesundheitlich gefährdet oder in seiner emotionalen Entwicklung erheblich beeinträchtigt würde.

30 Interessanterweise enthält auch das japanische Zivilgesetzbuch (The Civil Code of Japan, Supreme Court of Japan, Tokyo, Official English Translation, S. 152-153) eine Anzahl von Bestimmungen, die den oben genannten entsprechen:

Artikel 818. Ein minderjähriges Kind untersteht der elterlichen Sorge seines Vaters und seiner Mutter . . . .

Solange Vater und Mutter in ehelicher Gemeinschaft leben, üben sie die elterliche Sorge gemeinschaftlich aus. Wenn aber der Vater oder die Mutter unfähig ist, die elterliche Sorge auszuüben, so wird sie von dem anderen Elternteil allein ausgeübt.

Artikel 819. Haben Vater und Mutter eine einverständliche Scheidung herbeigeführt, so vereinbaren sie, wer von beiden die elterliche Sorge ausüben soll. Wurde die Ehe der Eltern nicht einverständlich geschieden, so bestimmt das Gericht, welchem Elternteil die elterliche Sorge zustehen soll.

Wenn sich die Eltern vor der Geburt des Kindes scheiden ließen, wird die elterliche Sorge von der Mutter ausgeübt. Aber die Eltern können vereinbaren, daß die elterliche Sorge nach der Geburt des Kindes dem Vater zustehen soll . . .

Wenn keine Vereinbarung zwischen den Eltern gemäß den obrigen Paragraphen zustandekommt oder möglich ist, kann das Familiengericht auf Antrag des Vaters oder der Mutter die Vereinbarung ersetzen . . .

Artikel 820. Wer die elterliche Sorge ausübt, hat das Recht und die Pflicht, für die Pflege und Erziehung des Kindes zu sorgen.

Artikel 821. Ein Kind muß seinen ständigen Aufenthalt an dem Ort nehmen, den der Inhaber der elterlichen Sorge bestimmt.

31 Die fehlende Endgültigkeit und die »kontinuierliche« Diskontinuität während des Berufungsverfahrens werden von einem Fall illustriert, über den die *London Times* am 16. Februar 1973, S. 6, Spalte 6 berichtete:

Neuer Scheidungsprozeß verzögert Desramault-Fall

Die Entscheidung über das Sorgerecht für Caroline Desramault, die seit 3 Jahren ein Zankapfel zwischen ihrer geschiedenen englischen Mutter und ihrem Vater ist, muß eine weitere juristische Hürde nehmen.

Als der Cour de Cassation am Dienstag M. Desramaults Einspruch gegen die Sorgerechtsübertragung auf Carolines Mutter zurückgewiesen hatte, schien alles endgültig geregelt. Aber die schwerfällige Justizmaschine wurde durch einen neuen Scheidungsprozeß vor dem Versailler Gericht wieder in Gang gesetzt.

Das Versailler Gericht hatte im Mai 1971 eine einstweilige Anordnung erlassen und Caroline jeweils für drei Monate abwechselnd dem Vater und der Mutter zugesprochen. Aber M. Desramault fand sich nicht mit diesem Beschluß ab und verweigerte die Herausgabe des Kindes. Das Berufungsgericht in Paris hob zwei Monate später die einstweilige Anordnung der Versailler Richter auf, und Caroline wurde bis zu einer endgültigen Entscheidung der Obhut ihrer Großmutter väterlicherseits anvertraut.

M. Desramault wollte das Kind behalten und versteckte es. Daraufhin erhob die Großmutter ihrerseits Klage, und das Sorgerecht wurde durch das neue Urteil dem Vater vorläufig zugesprochen.

Das Gericht in Versailles, das ein neues Scheidungsurteil fällen mußte, weil das erste in der Berufungsinstanz aufgehoben worden war, ordnete im Juli letzten Jahres eine neue Beweisaufnahme an und übertrug das Sorgerecht für Caroline vorübergehend der Mutter.

Der Vater floh jedoch mit dem Kind in die Schweiz, und ein Schweizer Gericht brachte das Kind auf Antrag der Mutter in einer Familie unter, die geheim gehalten wurde.

32 Vgl. aber die Entscheidung von Richterin Polier in *In re Sylvia Clear* 58 Misc. 2d 699, 296 N.Y.S 2d 184 (Fam. Ct. Juv. Term. N.Y.Co. 1969), wo sie auf die Gefahren hinweist, die § 611 des New Yorker Familiengerichtsgesetzes (N. Y. Family Ct. Act) innewohnen. Nach dieser Vorschrift sind die Kinderschutzorganisationen verpflichtet, »große Anstrengungen zur Ermutigung und Stärkung der elterlichen Beziehungen zu unternehmen.« Das Gericht beschreibt in diesem Fall die negativen Reaktionen eines Kindes auf die Besuche seiner biologischen Eltern; die Besuche waren von der Organisation gemäß den gesetzlichen Vorschriften gefördert worden. Das Besuchsrecht kann unter Umständen nach einer bestimmten Zeit dort problematisch werden, wo zunächst nur an eine vorübergehende Pflegestelle gedacht war.

33 In »Young Children in Brief Separation: A Fresh Look« *(The Psychoanalytic Study of the Child,* 26: 264-315, New York: Quadrangle Books, 1971) vergleichen James und Joyce Robertson zwei Formen der Ersatzpflege für Kleinkinder, deren Mütter ins Krankenhaus mußten. Eine Gruppe von Kindern wurde von den Robertsons in Pflege genommen, die andere wurde in einer Kinderkrippe untergebracht. Vgl. auch die von James und Joyce Robertson gemachten Filme, *Young Children in Brief Separation* (Filme Nr. 1 und 2; London: Tavistock Child Development Research Unit; New York: New York University Film Library, 1967-1971) und *John: 17 Months* (Film Nr. 3, *ebd.,* 1969).

34 Vgl. z. B. die abweichende Meinung von Richter Froessel in *In re Jewish Child Care Association,* 5 N.Y. 2d 222, 156 N.Y. 2 d 700 (1959):

Laura warde am 3. Juni 1953 geboren. Ihre Mutter brachte sie zum Sozialamt der Stadt New York; von dort wurde sie der Vermittlungsstelle (agency) übergeben. Am 30. Juli 1954 – Laura war knapp 14 Monate alt – wurde das Kind in eine Pflegestelle bei den Sanders vermittelt . . .

Laura wurde von ihrer Mutter in den ersten beiden Jahren insgesamt nur zweimal besucht. Es überrascht daher nicht, wenn die Sanders glaubten, die Mutter habe wenig Interesse an dem Kind. Sanders bemühten sich daher um eine Adoption, obwohl ihnen die Vermittlungsstelle zuvor erklärt hatte, daß Laura nicht adoptiert werden könne. Weil dieser Hinweis nicht beachtet worden war, wollte die Vermittlungsstelle das Kind bei einer anderen Familie unterbringen. Den Sanders wurde gesagt, »sie hingen zu sehr an dem Kind«, sie »liebten es zu sehr«. Wegen der völlig normalen menschlichen Reaktion, ein Kind zu lieben, sollte Laura in ihrem 6. Lebensjahr zu Fremden gegeben werden . . . Wenn Laura, bevor sie zu ihrer Mutter zurückgeht, von Familie zu Familie geschoben wird, muß sie bei jedem Unterbringungswechsel äußerste Belastungen ertragen, wie der Psychiater unwidersprochen ausgeführt hat. Warum dem Kind immer mehr Schläge versetzen? Und wenn es der Mutter beliebt, Laura nicht zu sich zu nehmen, was nach den vorliegenden Berichten nicht ausgeschlossen scheint, könnte das Kind kein besseres als sein gegenwärtiges Zuhause finden.

35 Vgl. z. B. die Vereinbarung für Pflegekinder im Bundesstaat Connecticut (Connecticut agreement), wo die finanziellen Bestimmungen im einzelnen aufgeführt sind (oben Anmerkung 13).

36 Zur Erläuterung eines derartigen Programms, das in Maryland durchgeführt wurde, vgl. die »Guidelines for Subsidized Adoption« hrsg. vom State Department of Social Services, 15. Juli 1969:

1. Finanzielle Zuwendungen bei Adoptionen (»Adoptionsgeld«) – Allgemeine Ziele

Die Gewährung von Adoptionsgeld ermöglicht die Annahme eines Kindes auch für solche Eltern, die zwar alle Voraussetzungen für eine gute Familienunterbringung erfüllen, die aber aus finanziellen Gründen kein zusätzliches Familienmitglied unterhalten können. Die finanzielle Unterstützung dieser Eltern eröffnet vielen Kindern, für die es nicht genügend Adoptionsfamilien gibt, einen zusätzlichen Weg. Die Unterbringung eines Kindes in einer Familie, der Adoptionsgeld gezahlt wird, kommt in Betracht, wenn dies die beste Unterbringungsmöglichkeit darstellt.

Bei der Adoptionsfamilie kann es sich entweder um die Pflegeeltern des Kindes oder um die Personen, die den Antrag auf Adoption gestellt haben, handeln.

Das Adoptionsgeld, durch das konstante und affektive Zuwendung und Pflege möglich werden, dient im besonderen Maße der Entwicklung des Kindes. Während der präadoptiven Unterbringung hat die Adoptionsvermittlungsstelle die Amtsvormundschaft über das Kind und ist daher berechtigt, in die Adoption und/oder langfristige Pflege einzuwilligen. Eine Anzahl von Kindern wird sich über längere Zeit in Pflegestellen befunden haben, ohne Kontakt zu den leiblichen Eltern; für diese Kinder bleibt die Vermittlungsstelle weiterhin Vormund, damit die Pflegefamilien, in die sich die Kinder eingelebt hatten, die Adoption einleiten können, oder damit – je nach Lage des Einzelfalles – neue Adoptiveltern gefunden werden können. Es ist anzunehmen, daß viele dieser Kinder zu denen gehörten, die wegen ihres Alters, ihrer Rasse oder Behinderung, oder weil sie mehrere Geschwister hatten, nur schwer zu vermitteln waren.

Abgedruckt in Monrad G. Paulsen, Walter Wadlington, Julius Goebel, Jr., *Domestic Relations* (Mineola, N.Y.: Foundation Press, 1970, S. 737 f).

37 Vgl. z. B. Anna Freud und Dorothy Burlingham, *Infants Without Families: Reports on the Hampstead Nurseries (The Writings of Anna Freud,* Band III, New York: International Universities Press, 1973, S. 182-183; dt. *Heimatlose Kinder,* a.a.O., S. 38), wo die heftigen Reaktionen eines kleinen Kindes auf die Abreise seiner Mutter beschrieben werden:

Das Kind fühlt sich plötzlich von allen ihm wichtigen Personen seiner Umwelt verlassen. Seine neu erworbene Liebesfähigkeit findet sich ohne die Objekte, auf die sie gerichtet war; sein Verlangen nach Zärtlichkeit bleibt unbefriedigt. Die Sehnsucht nach der Mutter steigert sich unter diesen Umständen ins Unerträgliche und erzeugt Ausbrüche von Verzweiflung, wie wir sie bei hungrigen Säuglingen sehen können, wenn die Mahlzeit auf sich warten läßt. Dieses gesteigerte Verlangen des verlassenen Kindes, sein psychischer Hunger nach der Mutter, überwiegt oft für Stunden oder Tage alle körperlichen Bedürfnisse. Manche Kinder dieses Alters verweigern nach der Trennung Nahrung und Schlaf; die Mehrzahl sträubt sich gegen die sonst lustvollen Vornahmen der Körperpflege, gegen Trost oder Zärtlichkeiten von seiten fremder Ersatzpersonen.

Die verlassenen Kinder klammern sich gewöhnlich an irgend einen Gegenstand, manchmal ein Wort, das die Erinnerung an die körperliche Gegenwart der Mutter in ihrem Gedächtnis vertritt. Viele halten krampfhaft ein Spielzeug in der Hand, das die Mutter ihnen beim Abschied zugesteckt hat; andere ein Stück Bettzeug, das von zu Hause mitgekommen ist. Manche wiederholen monoton und unaufhörlich den Namen der Mutter . . . .

Der Trennungsschmerz des kleinen Kindes wird gewöhnlich in seiner Stärke und Bedeutung unterschätzt. Er ist von kurzer Dauer, dauert normalerweise nicht länger als 36 oder 48 Stunden, während die Trauerzeit des Erwachsenen nach einem entsprechend großen Objektverlust etwa ein Jahr zum Ablauf braucht. Aber der Erwachsene schließt mit Unrecht aus diesem schnelleren Verlauf, daß die Reaktion des Kindes nur oberflächlich ist und darum leichtgenommen werden kann.

Vgl. auch Anna Freud, »The Concept of the Rejecting Mother« *(The Writings of Anna Freud,* Band IV. New York: International Universities Press, 1968, S. 596-597):

Der erste Versuch einer Objektliebe wurde zunichte gemacht; der nächste wird nicht die gleiche Qualität haben, er wird fordernder und auf sofortige Wunscherfüllung gerichtet sein, d. h. er wird sich von den reiferen Formen der »Liebe« entfernen.

38 Vgl. z. B. *In re Lem* 164 A. 2d 345 (D. C. Mun. Ct. App. 1960):

(Rover, C. J.) Die Mutter von Cecelia Lem . . . . erhebt Widerspruch gegen einen Beschluß, der ihre Tochter bis zum 21. Lebensjahr der Vormundschaft des Wohlfahrtsamts unterstellt und ihr selbst das Sorgerecht auf Dauer entzieht, damit das Wohlfahrtsamt in die Adoption des Kindes einwilligen kann . . . .

Das Kind wurde am 11. Januar 1956 geboren. Die Vaterschaft ist noch nicht festgestellt worden . . . Während der ersten vier Monate nach der Geburt des Kindes versucht eine private Wohlfahrtsorganisation, die Mutter zu beraten. Die Mutter widersetzte sich allen endgültigen Planungen für das Kind; sie erklärte sich nur zu einer Pflegeunterbringung bereit.

Nach Ablauf der vier Monate erkannte die private Organisation die Notwendigkeit langfristiger Vorkehrungen und leitete den Fall an das Sozialamt weiter. Am 4. Mai 1956 kam das Kind in die »Notaufnahmestelle« der Jugendabteilung des Sozialamtes und wurde in einem Säuglingsheim untergebracht.

In den darauffolgenden 14 Monaten bemühte sich die Jugendabteilung darum, einen Plan zu erarbeiten, damit die Mutter selbst die (rechtliche) Verantwortung für das Kind übernehmen könnte; auch wurde versucht, die Mutter zur Freigabe des Kindes zur Adoption zu bewegen. Solange die Mutter keine definitive Entscheidung treffen mußte, arbeitete sie mit der Jugendabteilung zusammen. Wenn aber eine bestimmte Handlung von ihr verlangt wurde, verwies sie darauf, ihr Psychiater habe sie vor »übereilten« Entscheidungen gewarnt, denn sie würde kontaktgestört und unzugänglich, wenn man sie bedränge.

Am 3. Juli erhob das Sozialamt – Jugendabteilung – gemäß § 11-906 (a) (6) des Code 1951 Klage, weil das Kind ohne ausreichende elterliche Pflege sei. In einem beigefügten Bericht wird auf den Wankelmut und die Unentschlossenheit der Mutter bezüglich der Unterbringung ihres Kindes eingegangen und vorgeschlagen, das Kind für 3 Monate dem Sozialamt zu übergeben, »damit die Mutter zusätzliche Zeit erhält, entweder einer endgültigen Planung für Cecelia zuzustimmen oder selbst einen annehmbaren Plan für Cecelias Unterbringung, unabhängig von der Jugendabteilung, vorzulegen.« Am 10. Juli 1957 fand eine Anhörung statt, an der auch die Mutter und ihr gerichtlich bestellter Anwalt teilnahmen. Das Gericht kam zu dem Ergebnis, daß das Kind ohne ausreichende elterliche Pflege sei und übergab es für die Zeit bis zum 9. Oktober 1957 dem Sozialamt. Dieser Zeitraum erwies sich als zu kurz, um das angestrebte Ziel zu erreichen und am 11. November 1957, nach erneuter Anhörung der Mutter und ihres Anwalts, wurde das Kind für die Dauer von 2 Jahren, bis zum 4. November 1959, dem Sozialamt übertragen. Die Mutter war mit dieser Maßnahme einverstanden.

Nach den zwei Jahren fand am 25. November 1959 wiederum eine Anhörung statt. In diesem Termin deutete der Anwalt der Mutter an, er wolle um noch mehr Zeit für seine Klientin bitten, damit sie ihre Pläne unterbreiten kann. Das Gericht beschloß, keine weiteren Beweismittel für eine nochmalige vorübergehende Unterbringung zuzulassen und beschränkte die Anhörung darauf, die Frage der endgültigen Sorgerechtsübertragung – entweder zugunsten der Mutter oder zugunsten der Jugendbehörde – zu regeln. Der Anwalt der Mutter willigte ein, und die Anhörung wurde auf dieser Grundlage fortgesetzt.

. . . . . Cecelia erhielt ungefähr einmal in zwei Monaten von ihrer Mutter Besuch . . .

Die Mutter sagte aus, sie liebe ihre Tochter sehr und habe durch die Besuche eine große Anhänglichkeit entwickelt; auch zeigte sie sich um das Wohl des Kindes besorgt. Sie sagte, zu keiner Zeit habe sie es für möglich gehalten, daß ihr das Kind weggenommen werde, aber da die Anhörung in diese Richtung gehe, sei sie bereit, die Verantwortung und Pflege für das Kind zu übernehmen, um es nicht endgültig zu verlieren.

Dies war das erste Mal, daß sie in dieser Sache Entschlossenheit zeigte; und damit ist die entscheidende Frage gestellt: Kam die Entscheidung der Mutter zu spät? Das Kind war damals beinahe vier Jahre alt, und wie aus den Berichten hervorgeht, stand es noch nie über einen längeren Zeitraum hinweg in der Obhut seiner Mutter . . . .

. . . .Aufgrund der Beweisaufnahme entschied das Gericht gegen die Mutter . . . .

Man kann vernünftigerweise nicht bezweifeln, daß ein Kind, das niemals die Pflege und Aufmerksamkeit seiner leiblichen Mutter erfahren hat und während der ersten vier Jahre seines Lebens Wohlfahrtsbehörden anvertraut war, ein im Sinne des Gesetzes vernachlässigtes Kind ist. Wir meinen, daß das Ergebnis der Beweisaufnahme durchaus die Entscheidung des Gerichts trägt.

39 Vgl. z. B. *O'Brien gegen Brown,* 409 U.S. 1 (1972) (Präsidentschafts-Vorwahlen, politischer Prozeß); *New York Times gegen United States,* 403 U.S. 713 (1971) (nationale Sicherheit und Pressefreiheit); *Freedman gegen Maryland*, 380 U.S. 51 (1964) (Meinungsfreiheit); *Cooper gegen Aaron*, 358 U.S. 1 (1958) (Recht auf Erziehung); *Youngstown Co. gegen Sawyer*, 343 U.S. 579 (1951) (nationale Sicherheit); *United States gegen United Mine Workers*, 330 U.S. 258 (1947) (nationale Sicherheit).

40 Vgl. z. B. *In re Clark* 210.0. 2d, 86, 90 O.L.A. 21 (1962):

»[Kenneth Clark, 3 Jahre alt, hatte zweit- und drittgradige Verbrennungen an über 40 % seines Körpers erlitten]. Die Kindeseltern verweigerten ihre Zustimmung zu einer Bluttransfusion, weil die religiöse Sekte, der sie angehören (Zeugen Jehovas), dies verbietet. Das Jugendgerichtsgesetz (Juvenile Code) von Ohio ermächtigt den Jugendrichter in einem solchen Fall, die Rechte des Kindes zu schützen.

§ 2152. 33, Revised Code: . . . – In Notfällen kann das Gericht, gestützt auf das Gutachten eines oder mehrerer angesehener Ärzte, in einem summarischen Verfahren die Einwilligung in medizinische und chirurgische Behandlung erteilen, wenn dies im Kindesinteresse unverzüglich geboten ist, und ein Pflegeantrag gestellt wurde, weil die Eltern, der Vormund oder der Sorgeberechtigte ihre Pflichten nicht erfüllt haben.

Auch ohne diese ausdrückliche Ermächtigung wäre das Gericht nach ungeschriebenen Billigkeitsnormen befugt gewesen, in einem Eilverfahren zu entscheiden.«

Vgl. auch *Georgetown College Inc.* 221 F. 2d 1000, n. 15, S. 1007 (D. C. Cir. 1964) Cert. den 377 U.S. 978 (1964).

41 *Freedman gegen Maryland* 380 U.S. 51, 58-59 (1964).

Das Gericht nimmt Bezug auf ein im Staat New York praktiziertes Verfahren bei der Filmzensur, das – würde es auch bei Kindesunterbringungen gelten – eine bestehende Beziehung solange nicht antasten würde, bis der gerichtliche Anhörungstermin, der einen Tag nach Bekanntgabe des Streits über die Unterbringung durchzuführen ist, stattgefunden hat; der Richter muß seine Entscheidung spätestens zwei Tage nach der Anhörung treffen. Für das Widerspruchsverfahren sind ähnlich schnelle Entscheidungen nicht vorgesehen. Für das Kindesunterbringungsverfahren müßte natürlich eine solche Regelung getroffen werden.

42 Ner Littner, »Discussion of a Program of Adoption Placement for Infants under Three Months« (*American Journal of Orthopsychiatry,* 26: 577, 1956).

43 Dieser Vorschlag entspricht dem Konzept der »teilbaren Scheidung«, das davon ausgeht, daß die staatliche Auflösung der persönlichen Beziehungen zwischen den Parteien von den Eigentums- und Unterhaltsansprüchen getrennt zu sehen ist, weil das eine nicht von dem anderen abhängt. *Estin gegen Estin,* 343 U.S. 541 (1948). In den Fällen, wo eine Partei die Scheidung von einer Regelung der Eigentumsfragen abhängig machen wollte, haben die Gerichte z. B. gesagt: »Die Gesellschaft interessiert es wenig, wenn wegen Eigentumsstreitigkeiten jahrelang prozessiert wird; ihr ist es aber nicht gleichgültig, wenn zwei Menschen gezwungen sind, rechtlich miteinander verbunden zu bleiben, obwohl dadurch noch mehr Bitterkeit und Unglück hervorgerufen wird.« *Hall gegen Superior Court of Los Angeles County,* 54 Cal. 2d 139 352 P 2d 161 (1960). Streitigkeiten über Erwachsenen-Kind-Beziehungen zu beenden, ist ein guter Grund, das Konzept der »teilbaren Scheidung« zu übernehmen. *May gegen Anderson,* 345 U.S. 528 (1953).

44 Siehe den Gesetzesvorschlag in Kapitel VII.

45 Vgl. 35 ALR 2d 662, 668 (189) und *Winnans gegen Luppie* 4/ N.J. Eg. 302, 305 (1890); Hazuke-Fall 345 Pa. 432 (1942); und *Lott gegen Family and Children's Society,* Sup. Ct. of N.J. (1953) abgedruckt in J. Goldstein und J. Katz, *The Family and the Law* (oben Anmerkung S. 1115).

46 Vgl. z. B. die diesbezügliche Bestimmung des N.Y. Family Ct. Act Art. VI, § 611: »dauernde Vernachlässigung liegt vor, wenn ein Elternteil . . . ., ungeachtet der unablässigen Bemühungen einer Fürsorgebehörde zur Unterstützung der elterlichen Beziehung, keinen Kontakt mit dem Kind aufrechterhalten und keine Pläne für die Zukunft des Kindes gemacht hat, obwohl er körperlich und finanziell dazu in der Lage war.«

47 Richterin Polier, *In re Sylvia Clear*, 58 Misc. 2d 699, 296 N.Y.S. 184 (Fam. Ct. Juv. Term N.Y. Co. 1969), sagte in bezug auf die Entscheidung eines Sozialarbeiters, die Besuche einer biologischen Mutter nicht zu unterstützen (vgl. oben Anmerkung 32):

Die Besuche der Mutter erwiesen sich bald als störend für das Kind, . . . Der Fürsorgebehörde, deren oberste Aufgabe darin besteht, für das Wohl des Kindes zu sorgen, ist nichts vorzuwerfen. Die Vermittlungsstelle hätte die elterliche Beziehung nur unter Verletzung ihrer eigenen Verantwortlichkeit für das Kind, das durch sie vermittelt wurde, unterstützen können. Aber hierzu war sie nach geltendem Recht verpflichtet, bevor die Elternrechte aufgehoben werden können.

Obgleich das Gericht der Überzeugung ist, daß das Kindeswohl die Aufhebung der Elternrechte gebietet, sieht es hierfür keine gesetzliche Handhabe. Die Mutter hat das Kind regelmäßig besucht, sie hat den Gedanken an eine Freigabe des Kindes stets zurückgewiesen, und sie spricht bis heute davon, sich und dem Kind ein neues Zuhause zu geben, sobald sie sich besser fühlt. Das Gericht kann jedoch die Hoffnungen der Mutter nicht teilen und ist davon überzeugt, daß die Mutter nicht in der Lage ist, für ihr Kind zu sorgen; trotzdem reicht der vorliegende Beweis nicht aus, den gesetzlichen Tatbestand zu bejahen.

48 Vgl. z. B. § 232 a des Zivilgesetzbuches von Kalifornien (1961):

Sec. 232. Personen, die von der elterlichen Sorge und Aufsicht freigestellt werden können.

Eine Person unter 21 Jahren kann einen Antrag auf Entlassung aus der elterlichen Sorge und Aufsicht stellen, wenn diese Person .... von einem Elternteil oder von beiden Eltern in Fremdpflege gegeben wurde und diese sich ein Jahr lang um seinen Unterhalt nicht gekümmert oder die Verbindung mit ihm nicht aufrechterhalten haben und dabei beabsichtigten, das Kind zu verlassen. Die mangelnde Vorsorge für den Unterhalt des Kindes oder der Umstand, daß die Eltern (bzw. ein Elternteil) ein Jahr lang nicht mit dem Kind in Verbindung standen, gelten als Beweis für die Absicht, das Kind zu verlassen.

49 Vgl. z. B. *Davies Adoption Case* 353 Pa. 579 (1946). *In re Graham* 239 Mo. App. 1036 (1947).

50 Wenn auch der Prozeß, in dessen Verlauf sich eine neue Eltern-Kind-Beziehung herstellt, zu komplex und zu vielen individuellen Variationen unterworfen ist, als daß gesetzlich bestimmt werden könnte, wann ein »Verlassen« vorliegt, so kann das Gesetz doch im allgemeinen die Kriterien aufstellen, nach denen zu prüfen ist, ob die biologische Bindung an das Kind zu einer affirmativen, psychologischen herangereift ist, oder ob eine sich entwickelnde psychologische Bindung zerbrochen oder gestört wurde, oder ob sich eine neue, erfolgversprechende Beziehung anbahnt.

51 Vgl. Jeremy Bentham, *Theory of Legislation* (s. o. Bd. I, S. 254, 1840):

Die natürliche Anordnung, die Inhalt, Methode und Last der Erziehung den Eltern überläßt, könnte mit einer Experimentenreihe zur Vervollkommnung eines allgemeinen Systems verglichen werden. Auf allen Gebieten sind Fortschritte erzielt worden durch den Wetteifer der Individuen und durch die Unterschiedlichkeit von Ideen und Begabungen – in einem Wort, durch die Verschiedenartigkeit individueller Impulse. Aber wenn alles in eine einzige Form gegossen wird, wenn die Ausbildung und Erziehung überall nach den gleichen, verbindlichen Lehrsätzen erfolgt, dann werden Irrtümer perpetuiert, und es wird keinen Fortschritt mehr geben ....

52 Es hat lange gedauert, bis die Gerichte erkannten, daß sie zwar eine Scheidung ablehnen können, daß damit aber noch keine Ehe geschaffen wird, oder die Parteien davon absehen, sich zu trennen oder neue »Beziehungen« einzugehen. Vgl. J. Goldstein und M. Gitter. »On the Abolition of Grounds for Divorce: A Model Statute and Commentary *(Family Law Quart.*, 3: 75-99, 1969).

53 Vgl. *Lott gegen Family and Children's Society* (oben Anmerkung 35).

54 Zum Schutz der Familie und der privaten Lebensgestaltung verfolgt das Recht die Politik, staatliche Einmischungen auf ein Mindestmaß zu beschränken und dabei gleichzeitig der staatlichen Verpflichtung nachzukommen, für das Wohl der Kinder zu sorgen und sie vor Ausbeutung durch Erwachsene zu schützen. Vgl. J. Goldstein

und M. Gitter (s. o. Fußnote 52). Vgl. auch die abweichende Meinung von Richter Douglas in *Wisconsin gegen Yoder* (vgl. unten Anmerkung 71).

55 Vgl. z. B. J. D. Watson, Harvard-Professor für Molekularbiologie (*New York Times*, 22. März 1973, S. 43, Spalte 3):

Wir dürfen niemals vergessen, daß wir das wahrlich Unbekannte kaum erhellen können – die Welt, in der wir leben ist unendlich kompliziert und ihre Naturphänomene sind nicht vorhersehbar. Erst nachdem die chemische Reaktion einer Zelle beobachtet worden ist, entdecken wir die Ursache ihrer Existenz. So ist es nahezu unmöglich, Voraussagen über die Zukunft zu machen.

56 Siehe Anna Freud, »Child Observation and Prediction of Development: A Memorial Lecture in Honor of Ernst Kris« (*The Psychoanalytic Study of the Child*, Band 13, S. 97-98; New York: International Universities Press, 1958):

Ich nenne drei Gründe für die Schwierigkeiten und Gefahren bei Prognosen: (1) Es gibt keine Garantie dafür, daß sich der Reifungsprozeß von Ich-Entwicklung und Triebentwicklung gleichmäßig vollzieht; und wenn eine Seite der Persönlichkeitsstruktur früher ausgebildet ist als die andere, folgt eine Vielzahl unerwarteter und unvorhersehbarer Abweichungen von der Norm. (2) Es gibt keine Möglichkeit, den quantitativen Faktor in der Triebentwicklung zu erfassen oder vorherzusagen; aber die meisten der Konfliktlösungen innerhalb der Persönlichkeit werden letzten Endes von quantitativen und nicht von qualitativen Faktoren bestimmt. (3). Die Ereignisse im Leben eines Kindes werden immer unvorhersehbar bleiben, weil sie nicht gesetzmäßig ablaufen.

57 Eine Kodifizierung der Vieldeutigkeit und Ambivalenz dieses Maßstabs stellt z. B. § 402 des Uniform Marriage and Divorce Act dar:

Das Gericht soll das Sorgerecht zum Wohle des Kindes regeln. Es hat bei seiner Entscheidung folgende Umstände zu berücksichtigen:
(1) die Wünsche der Kindeseltern oder eines Elternteils hinsichtlich der Sorgerechtsregelung;
(2) die Wünsche des Kindes hinsichtlich seines Sorgeberechtigten;
(3) das Verhältnis des Kindes zu seinen Eltern bzw. Elternteil, zu seinen Geschwistern oder sonstigen Personen, die das Wohl des Kindes beeinflussen können;
(4) die Eingliederung des Kindes in seine Familie, Schule, Nachbarschaft; und
(5) die geistige und körperliche Gesundheit aller Betroffenen.

Das Gesetz sieht außerdem vor:

Das Gericht soll das Verfahren eines potentiellen Sorgeberechtigten nicht berücksichtigen, wenn die Beziehung zu dem Kind nicht davon berührt wird.

Vgl. auch die abweichende Meinung von Richter Dye in *In re Jewish Child Care Association*, 5 N.Y., 2d 222, 156 NE. 2d 700 (1957):

Dem Antrag der Klägerin wird stattgegeben. Die Mehrheit dieses Gerichts ist der Überzeugung, daß dem Wohle des Kindes am besten gedient wird, wenn die Pflegeeltern, denen die Klägerin das Kind anvertraut hatte, gezwungen werden, das Kind wieder an die Wohlfahrtsbehörde zurückzugeben, damit die Behörde eigene Maßnahmen ergreifen kann. Dieses tragische Ergebnis beruht auf der irrigen Annahme, daß die Gerichte an administrative Schritte der Behörde gebunden seien. Während administratives Handeln bei Routineangelegenheiten von Nutzen ist, erscheint ein solches Vorgehen im vorliegenden Fall gänzlich unangebracht. Hier geht es nicht um ein Alltagsproblem der Verwaltung, sondern um die Grundkonzeption des staatlichen Sozialprogramms in bezug auf die Unterbringung bedürftiger und vernachlässigter Kinder. Hier ist in jedem Einzelfall sorgfältig zu prüfen, was dem Wohle des Kindes am besten entspricht ..... Die Pflegeeltern hatten eine Adoption vorgeschlagen; sie äußerten dies zunächst gegenüber dem Sozialarbeiter, der nicht damit einverstanden war, dann gegenüber den Großeltern und schließlich gegenüber der Mutter, die sich aber nicht festlegte und jeder endgültigen Entscheidung auswich, was als Verweigerung der Einwilligung in die Adoption anzusehen ist. Die Wohlfahrtsbehörde war von der psychischen Entwicklung des Kindes beunruhigt; sie sah ihre Aufgabe darin, die ihr anvertrauten Kinder in einer neutralen Umgebung zu belassen, »damit sie nicht in einen Loyalitätskonflikt zwischen Pflegeeltern und Mutter geraten«. Die Wohlfahrtsbehörde verlangte demgemäß von den Pflegeeltern, als Voraussetzung zur Erlangung der Pflegeerlaubnis, daß sie ein Papier unterzeichneten, wonach Laura »nur den Status eines Pflegekindes habe«. Das damit verfolgte Ziel wurde jedoch nicht erreicht.

Vgl. auch die abweichende Meinung von Richter Froessel (oben Anmerkung 34):

Die Wohlfahrtsbehörde vertrat bei der Anhörung den Standpunkt, sie könne ihre Aufgaben nicht richtig wahrnehmen, »wenn eine Pflegefamilie unsere Handlungsweise in Zweifel ziehen könnte, selbst wenn sich unser Vorgehen im nachhinein als falsch erweist.« Vielleicht hatten sie recht (Social Welfare Law, § 383) . . . Ich bin der Ansicht, daß die Wohlfahrtsbehörde hier einen schweren Fehler begangen und gegen das Wohl des Kindes verstoßen hat; ich meine auch, daß sich die vorinstanzlichen Gerichte von den sogenannten Rechten der Jugendbehörde fehlleiten ließen, statt auf das Kindeswohl abzustellen.

58 In Kapitel I haben wir uns zu der Überzeugung bekannt, daß bei strittigen Kindesunterbringungen die Interessen des Kindes Vorrang vor den Interessen der Erwachsenen haben sollten. Unsere Position wird in Kapitel VIII ausführlicher dargestellt.

59 *Re W* (ein Kleinkind) (1979) *3 All E. R.* 990 und (1971) *2 All E.R.* 49.

60 (1970) *3 All E.R.* 996.

61 Ebd.

62 Ebd., S. 1006

63 Ebd., S. 1002

64 (1971) *2 All E.R.* 55, 56, 59

65 Mit der Übernahme des Maßstabs »am wenigsten schädliche Alternative« würde dieses Gesetz, entsprechend dem Virginia Code § 63. 1 225 im Anschluß an die Aufzählung der Personen, die in eine Adoption einwilligen müssen, bestimmen:

»(4) Wenn das Gericht aufgrund der Beweisaufnahme zu dem Ergebnis kommt, daß eine Person oder Wohlfahrtsbehörde die nach diesem Gesetz erforderliche Einwilligung verweigert und dadurch dem Wohle des Kindes schadet, oder wenn eine gültige Einwilligung nicht eingeholt werden kann, dann ist das Gericht ermächtigt, die Einwilligung zu ersetzen.«

Unsere Präferenz für ein Minimum an staatlichen Eingriffen würde gebieten, daß Vernachlässigung, Verlassen u. ä. ausreichender Grund sind, das Kind von seinen erwachsenen Pflegepersonen zu entfernen und in derartig extremen Fällen das Kind ohne Einwilligung dieser Personen zur Adoption freizugeben.

Vgl. auch *In re Lem* (oben Anmerkung 38).

66 Wenn das House of Lords, was durchaus denkbar war, die Rechtsauffassung des Berufungsgerichts bestätigt hätte, wäre damit die sich zwischen W und seinen Adoptiveltern entwickelnde Beziehung zerstört worden. Gemäß der in dem neuen Gesetz enthaltenen Richtlinie, jeweils die am wenigsten schädliche Alternative zu bestimmen, wäre das Revisionsgericht dazu nicht ermächtigt gewesen. Falls das Gesetz weiterhin langwierige Revisionsverfahren zuließe, sollten die Rechtsmittelinstanzen nur auf die Zukunft beschränkte Entscheidungen fällen dürfen. Wenn das

nach Jahren gefundene Ergebnis eines Revisionsprozesses rückwirkend und nicht ausschließlich für zukünftige Fälle gelten würde, dann würden die Interessen des betroffenen Kindes einer Gerichtspraxis untergeordnet, die vielleicht das Kindeswohl im allgemeinen, nicht aber in diesem speziellen Fall schützt.

67 Selbst wenn dem rechtlichen Schutz der Gesellschaft vor jugendlichen Gewaltverbrechern der höchste Stellenwert zukäme, würden wir die Anwendung der Richtlinie, nach der die am wenigsten schädliche Unterbringungsform zu wählen ist, auch auf den Bereich des Jugendgerichtsverfahrens ausdehnen.

68 Eine gerichtlich überwachte Ziehung von Losen ist wahrscheinlich das rationalste und am wenigsten anfechtbare Verfahren, um die schwierige Wahl zwischen zwei gleich geeigneten psychologischen Eltern zu treffen.

In einem anderen Zusammenhang schrieb B. Currie, *Selected Essays on the Conflicts of Law* (Durham, N. C.: Duke University Press, 1963, S. 120-121):

»Die Anwendung des Rechts desjenigen Landes, in dem der Vertrag geschlossen wurde, bedeutet, daß ein nicht beteiligter dritter Staat einmal diese und einmal jene Praktik für null und nichtig erklären kann. Man ist beinahe versucht, vorzuschlagen, eine Münze zu werfen, denn dadurch wird das gleiche Zufallsergebnis erreicht, nur ökonomischer.

Einige werden sagen, dies sei eine »Verzichts«-Philosophie. Selbstverständlich ist es das. Aber diese Einstellung kann konstruktiv sein, wenn ein Ziel mit den vorhandenen Mitteln nicht erreichbar ist. Es wäre z. B. konstruktiv gewesen, wenn die Geometriker schon viel eher, als sie es taten, auf die Quadratur des Kreises mittels Richtscheit und Zirkel verzichtet hätten.«

Vgl. zu diesem Problemkreis auch J. H. Ely, »*Motivation in Constitutional Law*«, 79 *Yale Law J.,* 1234 n. 97 (1970), der John Barth mit folgendem Abschnitt zitiert:

»Wenn die Alternativen gleichwertig nebeneinander stehen, wähle die linke; wenn sie zeitlich aufeinander folgen, wähle die erste. Wenn keins von beiden möglich ist, wähle die Alternative, deren Anfangsbuchstabe im Alphabet zuerst kommt. Dies sind die Prinzipien der Linksseitigkeit, der (zeitlichen) Vorrangigkeit und der alphabetischen Reihenfolge; es gibt noch andere, die ebenso willkürlich, aber nützlich sind.« (J. Barth, *The End of the Road*, New York: Bantam Books, 1969, S. 85).

69 Vgl. *Shields gegen Barrow* 58 U.S. 130, 139 (1854) wegen Richter Curtis' inzwischen klassisch gewordener Erläuterung der Parteifähigkeit:

Das Gericht weist hier auf die drei Gruppen von Parteien im »equity«-Rechtssystem hin: 1. Formale Parteien. 2. Personen, die ein Interesse am Ausgang des Rechtsstreits haben und die Parteifähigkeit erlangen sollten, damit das Gericht eine gerechte Entscheidung unter Berücksichtigung der Rechte aller Betroffener fällen kann. Diese Personen werden gemeinhin »notwendige Parteien« genannt; aber wenn deren Interessen nicht unmittelbar berührt sind, und das Gericht eine endgültige und gerechte Entscheidung treffen kann, ohne andere, nicht vor Gericht vertretene Personen zu beeinträchtigen, dann sind diese Personen nicht unverzichtbare Parteien. 3. Personen, die ein solches Interesse an dem Rechtsstreit haben, daß die endgültige Entscheidung nicht ergehen kann, ohne entweder dieses Interesse zu verletzen oder die Streitigkeit in einen derartigen Zustand zu versetzen, daß ihre Beendigung mit den Grundsätzen des Billigkeitsrechts und einem guten Gewissen völlig unvereinbar wäre.

70 Vgl. *In re Gault* 387 U.S. 1 (1967), wo entschieden wurde, daß ein Kind im Strafverfahren (das ein Unterbringungsverfahren ist) Anspruch auf anwaltliche Vertretung hat:

Der Jugendliche benötigt den Beistand eines Anwalts, um mit rechtlichen Problemen fertig zu werden, um die Tatsachen zu ermitteln, um auf Einhaltung der Verfahrensvorschriften zu bestehen, und um sicherzustellen, daß der Jugendliche verteidigt wird [ebd., S. 36].

71 Vgl. auch *Wisconsin gegen Yoder,* 406 U.S. 205 (1972). In diesem Verfahren ging es um das Verhältnis zwischen dem Anspruch des Staates, Kinder gegen den Willen der Eltern zum Besuch einer höheren Schule zu zwingen, und den Elternrechten sowie dem Recht auf freie Religionsausübung.

Richter Douglas, der von der Mehrheit teilweise abwich, weil die Kinder nicht gehört worden waren, stellte fest:

»Ich stimme mit der Mehrheit des Gerichts darin überein, daß die religiöse Anschauung der Amish es ihnen verbietet, ihren Kindern über die Grundschule hinaus eine weiterführende Ausbildung zu geben; aber ich teile nicht die Schlußfolgerung des Gerichts, daß die Frage des Schulbesuchs allein in die Entscheidungsbefugnis der Eltern fällt ....

Diese Kinder sind »Personen« im Sinne der Bill of Rights. Wir haben hieran in ständiger Rechtsprechung festgehalten ....

Die Eltern sprechen normalerweise für die ganze Familie; aber in Ausbildungs- und Erziehungsfragen haben Kinder sehr oft eigene, feste Vorstellungen ...«

72 Vgl. Jeremy Bentham, *Theory of Legislation* (Bd. I, 1840, S. 252-253):

Der Vater ist teils Herr, teils Beschützer des Kindes .... Einerseits wird der Vorteil des Vaters gewahrt, andererseits der des Kindes. Diese beiden Beziehungen werden in der Person des Vaters leicht miteinander versöhnt, denn aufgrund seiner natürlichen Zuneigung wird er eher Opfer für sein Kind erbringen als eigennützigen Gebrauch von seinen Rechten machen.

Oberflächlich betrachtet könnte man meinen, der Gesetzgeber brauche nicht in die Vater-Kind-Beziehung einzugreifen; das Gesetz könne auf die Liebe des Vaters und auf die Dankbarkeit des Kindes vertrauen. Aber dies wäre trügerisch. Es ist absolut notwendig, auf der einen Seite die elterliche Gewalt zu beschränken und auf der anderen Seite den Respekt des Kindes durch gesetzliche Bestimmungen zu erhalten.

73 In dem Uniform Marriage and Divorce Act heißt es:

Das Gericht kann einen Anwalt bestimmen, der die Interessen eines minderjährigen Kindes bei der Sorgerechts-, Unterhalts- und Besuchsregelung vertritt. Das Gericht setzt durch Beschluß die Höhe der Kosten, Gebühren und Entschädigungen für den Anwalt des Kindes fest. Die festgesetzten Anwaltskosten haben die Eltern bzw. ein Elternteil zu tragen. Wenn die ersatzpflichtige Partei bedürftig ist, trägt die zuständige Wohlfahrtsbehörde die Kosten, Gebühren und Entschädigungen.

74 Der berühmte Humorist Art Buchwald, der vor 50 Jahren selbst ein Pflegekind war, sagte anläßlich einer Feier zum 150. Jahrestag der Jewish Child Care Association im April 1972 (unveröffentlicht):

Der Status eines Pflegekindes ist seltsam, besonders für das Kind. Es lebt in einem Niemands-Land.

..... Das Kind fühlt, daß alles in seiner Umgebung unsicher ist; es ist sozusagen an die Familie, in der es lebt, ausgeliehen worden. Wenn etwas schief geht, kann es weggeschnappt und in eine andere Familie gesteckt werden.

Es ist unmöglich, unter diesen Umständen von einem Kind oder von Pflegeeltern zu erwarten, daß sie tiefere Gefühle zeigen. Ich war verzweifelt, einsam und schrecklich verunsichert, als ich im Alter von 7 Jahren zu mir sagte: »Zum Teufel! Ich werde Humorist.« Von da an zog ich alles ins Lächerliche. Meine Laufbahn begann ich als Klassenclown, dann hielt ich alle Autoritätsfiguren zum besten, vom Schuldirektor angefangen bis hin zu dem Sozialarbeiter, der mich jeden Monat besuchte. Wenn jemand erwachsen ist und Autorität angreift, wird er von der Gesellschaft gut bezahlt. Aber wenn ein Kind seinen Spott mit Autoritäten treibt, geben sie ihm eins auf den Kopf.

Obwohl ich dieses gefährliche Freizeitvergnügen gewählt hatte und alle verulkte, konnte ich überleben. Stets war ich zu Scherzen aufgelegt und hatte eine wahrlich große Phantasie. Würden Sie glauben, daß ich einmal träumte, ich sei wirklich der Sohn eines Rothschild, und daß mich Zigeuner entführten, als ich 6 Monate alt war, und mich an ein Ehepaar verkauften, das nach Amerika wollte?

Würden Sie auch glauben, daß die Rothschilds den berühmtesten Detektiv Frankreichs anheuerten, um mich zu suchen, und daß er mich schon nach kurzer Zeit bei meiner Pflegefamilie in Hollis, Long Island, aufspürte?

Würden Sie außerdem glauben, daß ich die Rothschilds dazu bewegte, nachdem meine wahre Identität herausgekommen war, alle Anklagepunkte gegen meine Entführer fallen zu lassen und ihnen eine ansehnliche Pension zu gewähren?

Mit solch einem Kind mußte sich mein Sozialarbeiter herumplagen.

75 Richtig: Council of Child Psychiatry

76 Welche Textstellen den einzelnen Paragraphen zuzuordnen sind, ist leicht zu ersehen.

77 In bezug auf Strafbarkeit vgl. z. B. Morris und G. Hawkins, *The Honest Politician's Guide to Crime Control* (Chicago: University of Chicago Press, 1970, S. 146-147):

Die gesetzlichen Umschreibungen für strafbares Verhalten umfassen einen Mischmasch, der von Zigaretten rauchen, Schule schwänzen, auf Straßen schlafen, vulgäre Sprache benutzen bis hin zu schwereren Taten wie Vergewaltigung und Mord alles beinhaltet. Überdies werden solch vage, unpräzise und subjektive Begriffe wie Müßiggang, Faulenzen, Aufsässigkeit, Sturheit, Unbelehrbarkeit und Unmoral verwendet: Begriffe, die nach Paul Tappan so unscharf sind, daß sie »das normale Verhalten eines wenig gehemmten und nicht-neurotischen Kindes beschreiben«. Und in der Tat wird es kaum ein Kind geben, das nicht irgendwann einmal Handlungen begeht, die irgendwo als kriminell bezeichnet sind.

Vgl. auch Note, »Parens Patriae and Statutory Vagueness in the Juvenile Court«, 82 *Yale Law J.* 745 (1973).

78 Der Fall einer Verwechslung von zwei Neugeborenen, der sich kürzlich in der Kinderabteilung eines Krankenhauses ereignet hat, verdeutlicht, welch geringer Stellenwert dem Kindesrecht eingeräumt wird, wenn Erwachsene die biologische Realität und Kontinuität höher veranschlagen als die psychologische Realität und Kontinuität.

Wie die *Japan Times* am 26. Mai 1973 berichtete, wurde bei einer routinemäßigen Blutgruppenuntersuchung eines elfjährigen Schülers festgestellt, daß er nicht das biologische Kind seiner Eltern war. Daraufhin wurde rekonstruiert, wie es zu der Verwechslung, die elf Jahre später durch Zufall aufgedeckt wurde, gekommen war. Dem Bericht der *Japan Times* zufolge, »haben sich die beteiligten Parteien darauf geeinigt, die zwei Jungen nach einer gewissen Zeit des Kennenlernens der anderen Familie an die eigentlichen Eltern zurückzugeben.«

Diese Mitteilung läßt den Schluß zu, daß die beiden Jungen nicht als Partei angesehen wurden. Demnach haben sich die Eltern, indem sie die Blutverwandtschaft, d. h. die biologische Beziehung (die durch einen Routine-Laborbefund entdeckt wurde) besonders hervorheben, über die psychologischen Beziehungen hinweggesetzt, die sie und die Kinder in den vergangenen 11 Jahren entwickelt haben müssen.

Zunächst könnte man denken, daß der Staat eine bestehende psychologische Eltern-Kind-Beziehung anerkennen und als faktische Adoption schützen sollte. Aber in diesem Fall besteht zwischen den Eltern kein Streit über die Unterbringung der Kinder. Beide Familien möchten den Austausch vornehmen. Daher sollte sich der Staat, entsprechend unseren Wertvorstellungen und Richtlinien, hier nicht in die private Ausgestaltung von persönlichen Beziehungen einmischen, denn er kann das Fortbestehen dieser Beziehungen nicht erzwingen, wenn eine der Parteien sie abbrechen oder verändern will. Es ist davon auszugehen, daß beide Kinder in ihren bisherigen Familien nicht mehr erwünscht und geschätzt sind, daß sie aber von der Familie, zu der sie blutmäßig »gehören«, erwünscht und geschätzt werden. Wenn die Eltern bei dem Austausch um Hilfe suchen, sollte ihnen vor allem geraten werden, den Übergang der Kinder von einer Familie in die andere allmählich vorzunehmen – was offensichtlich geplant ist – und die Anpassungsschwierigkeiten zu beachten.

Wäre jedoch eine der Familien nicht mit dem Austausch einverstanden, dann würde es sich um eine streitige Kindesunterbringung handeln, und die bestehende Eltern-Kind-Beziehung in der Familie, die gegen den Austausch war, müßte geschützt werden. Für das andere Kind müßte wiederum die am wenigsten schädliche Alternative gefunden werden; zu denken wäre an eine Adoption durch seine bisherigen Pflegepersonen, falls es nicht weiterhin unerwünscht bleibt.

79 Brief vom 27. November 1972 von Professor L. de Jong, Direktor des Netherlands State Institute for War Documentation.

Die Autoren danken Professor de Jong, der diese Daten zusammengestellt und uns zugänglich gemacht hat.

80 Guardianship of Infants Act, 1925, S. 1.

81 Vgl. statt aller die Begründung zum Entwurf des Bundesjustizministeriums für ein Gesetz zur Neuregelung des Rechts der elterlichen Sorge, 1973, S. 3 f.

82 Josserand, Revue trimestrielle de droit civil 1937, S. 3 ff.; Ripert, *Le régime démocratique et le droit civil moderne,* 2. Aufl. 1948, S. 148 ff.; Planiol-Ripert-Savatier, *Traité pratique de droit civil français,* 2. Aufl., Bd. 1, Nr. 299.

83 Vgl. vor allem Gernhuber, *Lehrbuch des Familienrechts,* 2. Aufl. 1971, S. 453, *Zeitschrift für das gesamte Familienrecht* 1973, S. 236 ff.

84 Europäisches Übereinkommen über die Adoption von Kindern vom 24. 4. 1967 Art. 17: »Die Adoption darf nur ausgesprochen werden, wenn das Kind der Pflege der Annehmenden während eines Zeitraums anvertraut gewesen ist, der ausreicht, damit die zuständige Behörde die Beziehungen zwischen dem Kind und dem Annehmenden im Fall einer Adoption richtig einzuschätzen vermag.«; Art. 264 des schweizerischen Zivilgesetzbuchs (zwei Jahre); Art 228 f. des niederländischen Zivilgesetzbuchs (zwei Jahre); Art. 345 Abs. 1 des französischen code civil (sechs Monate).

85 Vgl. Abschnitt 2.51 der Richtlinien für die Adoptionsvermittlung, *Mitteilungen der Arbeitsgemeinschaft für Jugendpflege und Jugendfürsorge* Nr. 36, Dezember 1962, S. 18 ff.

86 Palandt-Lauterbach, BGB, 33. Aufl. 1974, § 1666 Anm. 2, vgl. dazu auch Zenz, *Archiv für die civilistische Praxis* 173 (1973), S. 530 ff.

87 Vgl. beispielsweise die von Eugen Huber im Rahmen der Vorarbeiten zum schweizerischen Zivilgesetzbuch verfaßten Erläuterungen zum Vorentwurf des Eidgenössischen Justiz- und Polizeidepartements, Bd. 1, 2, Aufl. 1914, S. 238.

88 Hegnauer, in *Berner Kommentar zum schweizerischen Zivilgesetzbuch,* 3. Aufl., II 1, Art. 283 Anm. 25 ff.

89 Carbonnier, *Dalloz* 1960, S. 675 ff.: »L'intérêt de l'enfant c'est la notion magique. Elle a beau être dans la loi, ... ce qui n'y est pas, c'est l'abus qu'on

en fait aujourd'hui.«

90 Dazu Liver, in *Berner Kommentar zum schweizerischen Zivilgesetzbuch,* I 1. 1962, Einleitung Anm. 102.

91 Die elterliche Gewalt wird, hält man sich an die Entstehungsgeschichte, nicht anders definiert als es nunmehr der Entwurf, a.a.O. Anm. 81, tut: »ein dem Interesse des Kindes dienendes Schutzinstitut, das für den Gewalthaber die Pflicht und das Recht für die Person wie für das Vermögen des Kindes zu sorgen begründet«, Mugdan, *Die gesamten Materialien zum Bürgerlichen Gesetzbuch,* Bd. 4 Familienrecht, 1899, S. 383.

92 Art. 375 des code civil, geändert durch die Ordonnance vom 1. 9. 1945.

93 Vgl. Götz, in *Berner Kommentar zum schweizerischen Zivilgesetzbuch,* 3. Aufl., II 1, Art. 98 Anm. 11

94 Kipp-Wolff, *Familienrecht,* 7. Aufl. 1931, S. 390 ff.

95 Hegnauer, a.a.O., Art. 283 Anm. 39.

96 OLG Bremen, *Rechtspfleger* 1973, S. 430.

97 *Zeitschrift für Vormundschaftswesen* 1950, S. 5, 1960, S. 138.

98 LG Wien, Hluze-Litzlfellner, *Ehe- und familienrechtliche Entscheidungen* Bd. 8 Nr. 15.175.

99 *Zeitschrift des bernischen Juristenvereins* 82 (1946), S. 440; *Zeitschrift für Vormundschaftswesen* 1961, S. 128.

100 Vgl. etwa Hegnauer, a.a.O., Art. 283 Anm. 35.

101 »De ce qui est semé dans l'enfant à ce qui lèvera dans l'homme, quelle pseudo-science autoriserait le juge à prophétiser?«, Carbonnier, *Dalloz* 1960, S. 675.

102 *Zeitschrift für Vormundschaftswesen* 1956, S. 97, 1959, S. 18.

103 *Schweizerische Juristenzeitung* 1938/39, S. 205, Vgl. auch die Begründung zum Entwurf a.a.O., insb. die Bemerkung zu § 1626.

104 Vgl. statt aller die Begründung zum Entwurf a.a.O., »Es mußte ein Ausgleich gefunden werden zwischen dem grundgesetzlich garantierten Elternrecht und den Grundrechten des Kindes . . .«. Zur Bedeutung und Entwicklung dieser Konfrontation vgl. insb. Gernhuber, *Familienrecht,* S. 53, 453, 544 ff.; Zenz, *Archiv für die civilistische Praxis* 173 (1973), S. 536 ff.; Schwerdtner, ebd., S. 227 ff.

105 Staudinger-Engelmann, BGB, 9. Aufl., § 1305 Anm. 5

106 Cours de Code Napoléon Bd. 3, 3. Aufl. 1865, Nr. 34.

107 Noch 1950 meinte Godin, *Ehegesetz,* 2. Aufl., deshalb, daß das Einwilligungsrecht der Eltern als »eigenes« Recht gegeben sei und nicht etwa als Ausfluß der Sorgebefugnis. Spätestens seit der Entscheidung des Bundesgerichtshofs vom 25. 9. 1956, BGHZ 21, 340, steht freilich endgültig fest, daß die Einwilligung an den Belangen des Kindes gemessen werden muß.

108 Vgl. vor allem Gernhuber, *Familienrecht* S. 453, *Zeitschrift für das gesamte Familienrecht* 1973, S. 236 ff.; Zenz, *Archiv für die civilistische Praxis* 173 (1973), S. 538 f.

109 Vgl. oben Anm. 82.

110 Auf solche Überlegungen gründet sich beispielsweise die Reform des Nichtehelichenrechts in der Bundesrepublik, vgl. Jansen-Knöpfel, *Das neue Unehelichengesetz,* 1967, S. 284 ff. Zur Kritik Simitis, *Standesamt* 1970, S. 263.

111 So vor allem das schweizerische Bundesgericht, BGE 82 II 476.

112 OLG Düsseldorf, *Zeitschrift für das gesamte Familienrecht* 1969, S. 664.

113 LG Mannheim, *Neue Juristische Wochenschrift* 1972, S. 950.

114 Vgl. dazu Marthaler, *Le droit de visite,* 1963, S. 32 ff. Besonders bezeichnend für diese Einstellung ist die 1972 ergangene Entscheidung Nr. 14180 des erstin-

stanzlichen Gerichts in Athen. Das griechische Zivilgesetzbuch spricht in Art. 1504 nur von einem Besuchsrecht der Eltern. Dennoch hat das Gericht nicht gezögert, die Großeltern einzubeziehen. Die Zugehörigkeit zur Familie erschien ihm als eine ebenso einleuchtende wie ausreichende Begründung.

115 Vgl. etwa die unter den Nrn. 17.301 – 17.303 bei Hluze-Litzlfellner, a.a.O., Bd. 9, 1973, wiedergegebenen Entscheidungen des LG Wien.

116 So der Bundesgerichtshof in seiner Entscheidung vom 13. 12. 1968, BGHZ 51, 219 (222).

117 BGHZ 42, 364 (370); 51, 219 (221); sowie BVerfGE 31,194.

118 OGH, Hluze-Litzlfellner, a.a.O., Bd. 9, 1973, Nr. 17.339.

119 LG Wien, Hluze-Litzlfellner, a.a.O., Bd. 9, 1973, Nr. 17.334.

120 So zuletzt die Begründung zum Entwurf, a.a.O., S. 30

121 Zur Kritik vgl. auch Lempp, *Neue Juristische Wochenschrift* 1963, S. 1659, 1964, S. 440, 1972, S. 315; *Giesen,* ebd. 225; Zenz, *Standesamt* 1973, S. 266.

122 Genau dies ist auch der Sinn der inzwischen zur Standardformel avancierten Bemerkung, das Besuchsrecht solle »die verwandtschaftlichen Beziehungen« aufrechterhalten und einer »Entfremdung« vorbeugen, vgl. oben Anm. 116 sowie BayObLGZ 1959, 123, *Amtsvormund* 1968, S. 227; BGHZ 42, 371.

123 Vgl. etwa BGHZ 51, 225; österreichischer OGH, Hluze-Litzlfellner, a.a.O., Bd. 9, 1973, Nr. 17.299; sowie für die schweizerische Rechtsprechung *Zeitschrift für Vormundschaftswesen* 1951, S. 110.

124 BGHZ 51, 219 vgl. auch BVerfGE 31,194.

125 OLG Frankfurt, Sorgerechtsbeschluß vom 8. 6. 1973, 20 W 375/73.

126 Aufgrund des im Hinblick auf die Entscheidung des OLG Frankfurt, oben Anm. 125, ergangenen Herausgabebeschlusses des Amtsgerichts Frankfurt vom 6. 7. 1973, 44 X 267/73, vgl. auch *Frankfurter Rundschau* vom 13. 7. 1973. Überhaupt ist gerade die Diskussion über die rechtliche Begründung der Möglichkeit einer Zwangsvollstreckung solcher Entscheidungen bezeichnend für die Situation des Kindes. Die in der Bundesrepublik nach wie vor vorherrschende Meinung hält, trotz mancher Proteste, an der Ansicht fest, die Vollstreckung erfolge nach § 883 der Zivilprozeßordnung, nach einer Bestimmung also, die die Wegnahme einer beweglichen Sache zum Gegenstand hat, vgl. Soergel-Siebert-Lange, BGB, 10. Aufl., 1971, § 1632 Anm. 13. Für das schweizerische Recht bemerkt Hegnauer, a.a.O., Art. 273 Anm. 87: »Es ist von der Urteilsfähigkeit des Kindes auszugehen. Solange es über seine Herausgabe kein eigenes Urteil hat, erscheint es als ›Sache‹ und kann demgemäß Gegenstand des Zwangsvollzuges sein«. Daß freilich, abgesehen von allen anderen Bedenken, derart undifferenzierte Anknüpfungen an die »Urteilsfähigkeit« gerade für Kleinkinder verheerende Folgen haben, bleibt bei solchen »apsychologischen« Bemerkungen völlig außer Betracht.

127 *Zeitschrift für Vormundschaftswesen* 1955, S. 145, 1956, S. 93.

128 *Zeitschrift für Vormundschaftswesen* 1955, S. 106; vgl. auch 1958 S. 76.

129 Vgl. Liver, »Peter Conradin von Planta«, in: *Schweizer Juristen der letzten hundert Jahre,* 1945, S. 216 f.

130 Vgl. Brandt, *Recht der Jugend* 1963, S. 44; Dührssen, *Heimkinder und Pflegekinder in ihrer Entwicklung,* 1958, S. 78 ff.

131 Statt aller Soergel-Siebert-Lange, BGB, a.a.O., § 1770b Anm. 7.

132 Vgl. insb. Lüderitz, *Adoption,* 1972, S. 27 ff., aber auch die Kritik am geltenden Recht, S. 15 ff.; Engler, *Auf dem Weg zu einem neuen Adoptionsrecht,* 1972, S. 23 ff.

133 Vgl. vor allem Art. 8 des bereits erwähnten europäischen Übereinkommens,

oben Anm. 83: »Die zuständige Behörde darf die Adoption nur aussprechen, wenn diese ihrer Überzeugung nach dem Wohl des Kindes dient.« Aber auch Art. 2 des griechischen Adoptionsgesetzes von 1970: »Die Adoption ist zulässig, wenn sie im Interesse des Anzunehmenden liegt.«

134 Art. 9 Abs. 1 des griechischen Adoptionsgesetzes von 1970 ist nur ein Beispiel dafür: Ein Antrag auf Adoption ist unzulässig, wenn ihm nicht ein Zeugnis einer anerkannten Einrichtung über die Durchführung einer sorgfältigen sozialen Untersuchung über folgende Punkte beigefügt ist: die Person, die Gesundheit, den Lebenswandel, die familiären Verhältnisse und das Vermögen dessen, der die Adoption beantragt, ferner die Gründe, aus welchen er die Adoption anstrebt, seine Fähigkeit, das Kind angemessen aufzuziehen, die Wahrscheinlichkeit der Einfügung des Kindes in die Familie des Annehmenden und allgemein alle Umstände, aus denen entnommen werden kann, ob die Adoption dem Kind nutzen wird.

135 Zu der spezifischen Situation bei der Verteilung der elterlichen Sorge im Falle einer Scheidung vgl. auch Müller-Freienfels, *Ehe und Recht,* 1962, S. 218.

Namen- und Sachregister

Von Spiros Simitis herausgegeben erscheint im Suhrkamp Verlag

Seminar: Familie und Familienrecht. Herausgegeben von Spiros Simitis und Gisela Zenz. 2 Bände, *suhrkamp taschenbücher wissenschaft,* Band 102 und Band 103 (1. Halbjahr 1975)

suhrkamp taschenbücher

st 194 Edmund Wilson, Auf dem Weg zum Finnischen Bahnhof
Über Geschichte und Geschichtsschreibung
Aus dem Amerikanischen von Ehrenfried Klauer und Hans Stern
448 Seiten
Dieses in der ganzen Welt berühmt gewordene Buch bringt die Schilderung von Charakteren und Schicksalen aus der Geschichte des Sozialismus und der Revolutionen. In die Vorgeschichte der großen russischen Umwälzung von 1917 gehören nach Wilson nicht nur Marx und Engels, Proudhon, Fourier, Owen und Babeuf, sondern auch der italienische Philosoph Vico, Historiker wie Jules Michelet und Hyppolite Taine oder Schriftsteller wie Ernest Renan und Anatole France. Das Kernstück des Buches bilden großangelegte und minuziös ausgeführte Porträts von Marx und Engels, Lenin und Trotzki.

st 196 Federico García Lorca, Über Dichtung und Theater
Deutsch von Enrique Beck
144 Seiten
Diese Sammlung entlegener Quellen und Dokumente von und über García Lorca macht deutlich, welch einzigartige dichterische Existenz und menschliche Potenz Spanien und die Welt verlor, als Lorca, 38 Jahre alt, von der Falange erschossen wurde. Aus den zahlreichen Mosaiksteinchen persönlicher Äußerungen entsteht das Bild eines Menschen, der in Leben, Sprechen und Schreiben Anmut mit Würde vereinte, Heiterkeit des Herzens mit einem wachen sozialen Gewissen. Zur Werkinterpretation, für die Kenntnis von Lorcas poetischen und theatertheoretischen Absichten ist der Band unentbehrlich.

st 200 Samuel Beckett, Das letzte Band. Dreisprachig
Deutsche Übertragung von Erika und Elmar Tophoven
Englische Originalfassung. Französische Übertragung von Samuel Beckett
Mit Szenenphotos
96 Seiten
Ein neunundsechzigjähriger Schriftsteller, ziemlich erfolglos, kramt aus seinem Tonbandarchiv, in dem er sein Leben akustisch dokumentiert, das Magnetophonband hervor, das er vor einem Lebensalter, als Neununddreißigjähriger, besprochen hat. Schon am neununddreißigsten Geburtstag hatte er einem zehn Jahre zuvor aufgenommenen Tonbandinterview mit sich selbst gelauscht. Das ältere Ich sitzt über das jüngere Ich zu Gericht, und die Gegenwart ist nur noch Kommentar der Vergangenheit.

st 201 Bertolt Brecht, Frühe Stücke
224 Seiten.
Baal. Trommeln in der Nacht. Im Dickicht der Städte.
Brechts Entwicklung zur großen epischen Dramatik, zum »wissenschaftlichen Theater«, ist erst aus der Kenntnis seiner Jugendwerke, in denen schon wesentliche Themen seiner Welt vorgezeichnet sind, richtig zu verstehen. Alle Stücke »zeigen ohne Bedauern, wie die große Sintflut über die bürgerliche Welt hereinbricht ...« *Bertolt Brecht*

st 202 Jürgen Habermas, Dieter Henrich
Zwei Reden. Aus Anlaß des Hegel-Preises
84 Seiten
Dieter Henrich hielt als Präsident der Internationalen Hegel-Vereinigung die Laudatio anläßlich der Verleihung des Hegel-Preises 1973 der Stadt Stuttgart an Jürgen Habermas, in der er die Kontinuität Habermasschen Denkens hervorhebt. Mit der in diesem Band veröffentlichten Rede »Können komplexe Gesellschaften eine vernünftige Identität ausbilden?« bedankte sich Jürgen Habermas für den Hegel-Preis.

st 203 Hans Werner Riedel, Die Kontrolle des Luftverkehrs. Flugsicherung und Fluglotsen
Mit zahlreichen Abbildungen
208 Seiten
Die Kontrolle des Luftverkehrs, die Flugsicherung, ist ein Detail in der Welt der Technologie. Was sich dort wirk-

lich abspielt, welche Mittel und Leistungen eingesetzt werden, welchen Schwierigkeiten der Fluglotse in einem Mensch-Maschine-System ausgesetzt ist, darauf versucht dieses Taschenbuch eine Antwort zu geben.

st 204 Karl Kraus, Magie der Sprache. Ein Lesebuch
Herausgegeben und mit einem Nachwort
von Heinrich Fischer
368 Seiten
Für dieses Buch, das ein lebendiges Lesebuch und keine akademische Anthologie ist, hat der Herausgeber aus mehr als 30 Büchern und über 900 Nummern der *Fackel* einen Extrakt geschaffen, der die zeitlose Wortgewalt, die polemische Kraft, aber auch das Heitere, Wortspielerische, das Zarte dieses Sprachkünstlers und Dichters vergegenwärtigt.

st 205 Max Frisch, Dienstbüchlein
176 Seiten
Das *Dienstbüchlein* enthält Frischs Erinnerungen an seine Schweizer Militärzeit von 1939 bis 1945. »Ich bin ungern Soldat gewesen. Immerhin sind Erfahrungen nicht abzugeben mit der Uniform, Erfahrungen mit unserem Land, mit sich selbst.« An diese Erfahrungen erinnert sich Frisch heute, an die Tage in Uniform, an 650 Militärtage ohne Arrest. »Indem ich mich heute erinnere, wie es damals so war, sehe ich es natürlich nach meiner Denkart heute. Ich wundere mich, wieviel man hat erfahren können, ohne es zu sehen.«

st 206 Hermann Hesse, Demian. Die Geschichte von Emil Sinclairs Jugend
166 Seiten
Hermann Hesses Erzählung *Demian*, 1919 erschienen, hatte, wie Thomas Mann in seinem Vorwort zur amerikanischen Ausgabe berichtet, auf die junge Generation nach dem Ersten Weltkrieg »eine elektrisierende Wirkung und traf mit unheimlicher Genauigkeit den Nerv der Zeit«, ähnlich Goethes *Werther*, dessen Wirkung Thomas Mann mit der des *Demian* vergleicht.

st 207 Hartmut von Hentig, Magier oder Magister? Über die Einheit der Wissenschaft im Verständigungsprozeß
256 Seiten

Viel zu lange schon sind für Hartmut von Hentig die Wissenschaftler Magier gewesen, die mit dem Anspruch auftraten, durch ihre wissenschaftliche Praxis die Wahrheit finden zu können, ohne je in der Lage zu sein, Laien diesen Anspruch glaubhaft zu vermitteln, geschweige, sie am Prozeß der Wahrheitsfindung teilhaben zu lassen. Statt dessen sollen die Wissenschaftler nun »Magister« werden, das heißt, sich vordringlich der Erklärung dessen widmen, »was sie herausfinden, warum sie es erforschen, wie man es verwendet und wie man es lernen und weitergeben kann«.

st 208 Peter Handke, Als das Wünschen noch geholfen hat
126 Seiten
Inhalt: Leben ohne Poesie; Was soll ich dazu sagen?; Die offenen Geheimnisse der Technokratie; Die Reise nach La Défense; Blaues Gedicht; Die Geborgenheit unter der Schädeldecke; Jemand anderer: Hermann Lenz; Eine Zwischenbemerkung über die Angst; Die Sinnlosigkeit und das Glück.
»Dieses Buch könnte man lesen als eine neue Erforschung der *Innenwelt der Außenwelt der Innenwelt*, Jahre später. Was hat sich verändert? The story of my life, und die Geschichten anderer.« *Peter Handke*

st 235 Uwe Johnson, Eine Reise nach Klagenfurt
112 Seiten
In Klagenfurt hat Ingeborg Bachmann ihre Kindheit erlebt; ist diese Zeit noch zu finden in der Stadt von heute? Danach zog sie vor, zu leben in Rom und anderswo; was für Einladungen bietet Klagenfurt? Zitate von Ingeborg Bachmann lösen die Recherchen Uwe Johnsons aus, das Zusammenspiel beider Elemente illustriert die Spannung zwischen den beiden Orten. In Rom starb Ingeborg Bachmann am 17. Oktober 1973; in Klagenfurt ist sie begraben.

st 238 Dietrich Hofmann (Hrsg.), Schwangerschaftsunterbrechung. Aktuelle Überlegungen zur Reform des § 218
352 Seiten
Dem vorliegenden Band geht es darum, der Vielfalt und der Unterschiedlichkeit der Auffassungen Rechnung zu

tragen, welche die Position der verschiedensten Berufe, Kräfte und Gruppierungen unseres Landes kennzeichnen. Der Anspruch auf Sachlichkeit basiert auf der Klarstellung naturwissenschaftlicher, medizinischer Erkenntnisse, der Erkenntnisse eines Juristen, eines Moraltheologen, eines Soziologen und eines Psychiaters.

st 239 Bis hierher und nicht weiter
Ist die menschliche Aggression unbefriedbar?
Zwölf Beiträge. Herausgegeben von Alexander Mitscherlich
»Mitscherlich und mit ihm die Autoren dieses Bandes sehen heute die Aufgabe vor sich, jenseits aller ›Kollektivierungsmethoden‹ mit ihrem äußeren Feindbild und jenseits aller Tabuisierung durch herrschende Gruppen den einzelnen über seine Aggressionen aufzuklären, ihn erst einmal so weit zu bringen, daß er die Aggression erkennt, sie zugibt, mit ihr zu leben lernt . . . Das Ergebnis ist ein Buch, in dem wie niemals zuvor die gegenwärtige Diskussion zusammengefaßt ist.« *Karsten Plog*

Alphabetisches Gesamtverzeichnis der suhrkamp taschenbücher